# ORCHIDEEN

Jörn Pinske

# Orchideen für die Wohnung

*so geht's*

blv

# Inhalt

# Einführung in die Orchideenwelt

Die Maori Neuseelands glauben, dass die Orchideen nicht von der Erde sind. Die Götter hatten sie in ihren Sternengarten gepflanzt. Von dort aus wurden sie auf Bäume und Berge ausgeschüttet, um deren Ankunft anzuzeigen.

## Orchideengeschichte und -geschichten

Früher waren Orchideen sehr teuer, selten und einem exklusiven Kreis vorbehalten, heute werden sie in jeder Gärtnerei und jedem Blumengeschäft preiswert angeboten.
Doch so schön, bizarr und faszinierend wie früher sind sie auch heute noch geblieben.
Die Faszination der Orchideen ist nicht nur durch ihre schönen, bizarren Blüten zu erklären; es sind auch ihre eigentümliche Lebensweise, die besondere Art der Vermehrung, die Geschichte dieser Pflanzenfamilie und die vielen »Geschichten«, die sich um die Orchideen ranken und die den Hauch von Exotik und Exklusivität ausmachen, der sie umgibt. Es waren (Pflanzen-) Sammler auf der Suche nach Abenteuern und Reichtum, die diese Geschichte schrieben. Dabei ging es nicht immer um Tatsachen; Gefahren wurden übertrieben, um Konkurrenz abzuschrecken, falsche Angaben zum Fundort sollten verhindern, dass ein Gebiet von anderen Sammlern »ausgeräubert« wurde.
Unter den Sammlern gab es botanisch interessierte, junge europäische Gärtner, die Abenteuerlust, Mut und Ausdauer aufbrachten und deren Interesse überwiegend den Pflanzen galt.
Einer dieser Orchideensammler war Benedict Roezl (1824–1885), der mit nur zwölf Jahren seine Gärtnerkarriere in Böhmen begann. Der Beruf brachte ihn schließlich nach Mexiko, wo er eine Baumschule betrieb und fast 40 Jahre lang – in Süd- und Mittelamerika – Orchideen und andere Pflanzen sammelte. Aus Kolumbien schickte er einmal 10 000 Orchideen, aus Panama 3 000 *Odontoglossum*. Insgesamt gelangten durch ihn 800 neue Arten von Blütenpflanzen und Bäumen nach Europa. 1873 fand Roezl in Brasilien wieder eine neue Orchidee, die ihm zu

◀ *Miltonia* 'Robert Strauss'. Gerade die Züchtungen der Miltonien galten früher als schwierig zu pflegen. Wie man heute weiß, hielt man sie meist einfach nur zu kalt. Die Pflanzen benötigen jedoch immer viel Luftfeuchtigkeit.

Benedict Roezl (1824–1885), ein Pflanzensammler in Süd- und Mittelamerika. Nicht nur Orchideen wurden von ihm entdeckt, sondern auch andere Blüten- und Nutzpflanzen.

Deutsche Sammler in Südamerika (um 1890). Vorne: Sammelkörbe für den Transport der Orchideen vom Naturstandort bis zum Hafen.

Ehren *Odontoglossum roezlii* benannt wurde.

### Es lockte das Geld ...

In Europa hatte das »Orchideenfieber« eingesetzt, die Sammelleidenschaft reicher Adeliger und Bürger für exotische Pflanzen. Für Pflanzenneuheiten wurde viel Geld bezahlt. Das Orchideenfieber hielt bis zum Ersten Weltkrieg an. Neuheiten und besonders schöne Exemplare wurden über Versteigerungen angeboten. Den Rekorderlös erzielte das berühmte Haus Sotheby's in London 1903. Für ein Exemplar von *Odontoglossum crispum* (siehe Seite 73) wurden umgerechnet 60 000 Goldmark erzielt. Das war damals eine enorme Summe – für 3 875 Goldmark bekam man immerhin schon einen Mercedes.

### Und so ging es weiter

Zwischen der Entdeckung und der Vernichtung (Ausrottung) einer Orchideenart durch übermäßiges Sammeln lagen teilweise nur wenige Jahre.

- Die erste, in Europa blühende, tropische Orchidee soll im Jahr 1615 *Brassavola nodosa* (siehe Seite 86) gewesen sein.
- 1768 begleitete Sir Joseph Banks Kapitän James Cook auf der »Endeavour« zur Pazifik-Expedition und sammelte die ersten ostindischen Orchideen.
- Zwischen 1854 und 1899 wurden bereits etwa 1 000 Orchideenzüchtungen durchgeführt. 1899 kamen auf einmal 100 000 *Odontoglossum crispum* (»Stern von Kolumbien«) aus Kolumbien nach England und wurden versteigert. Ein Raubbau ungeheuren Ausmaßes!
- Bereits 1906 wurde von Henry Sander die erste »List of Orchid Hybrids« eingeführt, die bis heute weltweit gültige Registrierung aller Orchideen-Züchtungen (heute auch auf CD-ROM erhältlich).

### Orchideen als Symbol-, Heil- und Gewürzpflanzen

Bei den alten Griechen galt die Hodenform der Wurzelknollen der auch bei uns heimischen Knabenkräuter *(Orchis)* als Sinnbild der Fruchtbarkeit; sie wurden als Aphrodisiakum genutzt. Die bis heute berühmteste Gewürzpflanze der Orchideen ist die **Vanille** (siehe Seite 37), die bereits um 1 100 n. Chr. von den Inkas in Cuzco (Peru) genutzt wurde. Als eigentliches Gewürz dient die fermentierte Vanilleschote. Doch 1552 wurde im ersten amerikanischen Medizinbuch, dem »Codex Badiano« von Martin de la Cruz, die Wirksamkeit der Vanille gegen Hysterie, Fieber, Impotenz und Rheuma beschrieben. *Encyclia citrina* wurde gegen Infektionen, Husten und Sonnenstich empfohlen, gegen die gefährliche Ruhr schließlich *Laelia autumnalis* und *Stanhopea hernandezii.*

## Was sind eigentlich Orchideen?

### Die Orchideenblüte

Es waren vor allem die großen, farbintensiven Blüten der

*Cattleya loddigesii* aus Brasilien. Deutlich erkennbar die Blütenblätter (Petalen und Sepalen) und die Lippe.

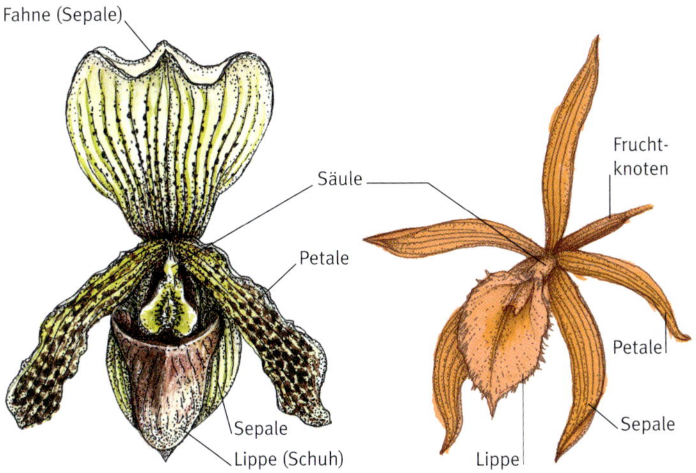


Aufbau einer Orchideenblüte, links eines Frauenschuhs *(Paphiopedilum)*, rechts einer *Brassavola.*

Der Pollen lässt sich leicht von der Säulenspitze abnehmen, schon die leichte Berührung mit einer Bleistiftspitze reicht aus. Damit kann man eine künstliche Befruchtung durchführen.

tropischen Vertreter, die bei den Europäern das Orchideenfieber auslösten. Heute interessieren auch andere Merkmale, z. B. die Ähnlichkeit der Blüten mit Insekten (wie bei unserer Fliegen- und Bienenragwurz, siehe Seite 36), die Winzigkeit bei den Miniaturorchideen oder die Farbintensität der Nebelwaldorchideen.

Die Mehrzahl der Orchideen hat eher kleine, in Farbe oder Form immer interessante Blüten. Nur relativ wenige Gattungen verfügen über die besonders attraktiven großen Blüten, die wir als Zimmerpflanzen besonders schätzen.

Die Blüte ist symmetrisch aufgebaut, man kann sie in zwei spiegelgleiche Hälften teilen. Der **Fruchtknoten** ist unterständig, befindet sich also unterhalb der Blütenteile. Er wächst später zur **Samenkapsel** aus. Die Blüte wird weiter durch drei äußere **Kelchblätter** und drei innere **Kronblätter** gebildet. Die Kelchblätter nennt man auch **Sepalen** (äußere Tepalen), die Kronblätter **Petalen** (innere Tepalen).

Das mittlere Kronblatt ist immer besonders ausgebildet: Es ist größer, dicker und auch farblich abweichend und wird als **Lippe** (Labellum) bezeichnet. Diese Lippe kann z. B. als Schuh geformt sein, wie beim »Frauenschuh« *(Paphiopedilum* etc.). Auf der Oberfläche der Lippe erkennt man häufig fleischige Erhebungen. Solche Kiele, Platten oder Scharten werden als **Kallus** bezeichnet. Die Lippe ist manchmal nach hinten durch einen **Sporn** verlängert, in dem die bestäubenden Insekten Nektar finden. Infolge einer Drehung des Blütenstiels um 180° während der Knospenentwicklung steht die Lippe an der geöffneten Blüte unten und dient den Insekten als Landeplatz.

Alle Orchideen werden durch Tiere bestäubt, mehrheitlich durch Insekten. Die Staubblätter sind bei den Orchideen auf zwei – manchmal nur auf ein Staubblatt – reduziert, die mit dem Griffel bzw. der Narbe ganz oder doch überwiegend verwachsen sind. Man nennt dieses dadurch gebildete, für Orchideen typische Organ die **Säule.** An der Säulenspitze findet man den Pollen, während die Narbe unterhalb sitzt. So wird eine Selbstbestäubung ausgeschlossen.

Für Botaniker gehören die Orchideen zu einer jungen Pflanzenfamilie. Die ältesten

*Coelogyne cristata.* Typisch für diese Art sind leicht geschrumpfte, runde Bulben, sympodialer Wuchs, die sichtbaren, trockenen(!) Hüll- oder Niederblätter sowie das Rhizom.

Fossilfunde sind erst etwa 15 Millionen Jahr alt – im Vergleich zu anderen Pflanzenfamilien mit 60 bis 100 Millionen Jahre alten Fossilien! Man nimmt an, dass deshalb die Evolution der Arten noch in vollem Gange ist; daher sind die einzelnen Gattungen auch noch nicht völlig »festgelegt« und lassen sich relativ leicht miteinander kreuzen – was bei Blütenpflanzen die Ausnahme ist.

Besitzt eine Orchidee Bulben, dann ist das immer ein Zeichen dafür, dass sie auf eine mehr oder weniger lange Ruheperiode angewiesen ist.

**Pseudobulben und Wurzelknollen**

Mit echten Zwiebeln haben die Verdickungen bei vielen Orchideen nichts zu tun. Sie bestehen entweder aus einem verdickten Stängelknoten, dann sind sie rundlich, länglich und mehr oder weniger dick; oder sie setzen sich aus mehreren Stängelknoten (Nodien) zusammen, die in ihrer Gesamtheit verdickt sind. Das kann dann über den gesamten Spross einer Orchidee möglich sein. Diese **Pseudobulben** – der Orchideengärtner nennt sie einfach nur **Bulben** – dienen der Speicherung von Nährstoffen und Wasser.
Bei unterirdischen Sprossverdickungen, wie man sie z. B. beim Knabenkraut findet, handelt es sich ebenfalls um Speicherorgane, jedoch Wurzelknollen und keine Pseudobulben. Übrigens: Der Ähnlichkeit der Sprossverdickungen beim Knabenkraut *(Orchis)* mit den Hoden junger Knaben verdankt die ganze Familie (Orchidaceae) ihren Namen.
Meist an der Spitze der Bulben befinden sich ein oder zwei Blätter. Sie sind mehr oder weniger groß, weich oder sogar sukkulent (fleischig). Einige Blätter überleben mehrere Vegetationsperioden, andere bleiben nur eine Saison. Manchmal sind die Blätter an den Nodien auch über die gesamte Bulbe verteilt. Einige Bulben sind mit Blattscheiden umhüllt. Das Verbindungsstück zwischen den Bulben wird als **Rhizom** bezeichnet. Es ist meist hart und holzig, kurz oder lang.

## Die Blätter

Wie bei allen grünen Pflanzen haben auch die Orchideenblätter die Aufgabe, mit Hilfe des Lichts anorganische Stoffe in organische umzuwandeln, also Photosynthese zu betreiben. Sie sind daher wie normale Blätter aufgebaut,

äußerlich jedoch unterschiedlich. Die Blätter können rund, länglich, weich oder sukkulent (fleischig) sein, ihre Blattnerven verlaufen parallel. Mit ihren unterschiedlich ausgebildeten Blättern, ob hart oder weich, groß oder klein sind Orchideen optimal an die jeweiligen Klimabedingungen angepasst.
Meist sind die Blätter am Spross zweireihig angeordnet, stehen sich also gegenüber. Wie schon erwähnt, haben viele Sprosse aber nur ein Blatt, die anderen sind verkümmert, meist nur noch als Schuppen wahrnehmbar.
Wenige Orchideen werden sogar hauptsächlich der Blätter wegen gepflegt.

**Orchideen mit schönen Blättern**
Fast purpurrot, mit gelben Adern, sind z. B. die Blätter bei *Ludisia discolor,* die bei uns häufig als »Weihnachtsorchidee« angeboten wird, zusätzlich aber auch schöne Blüten hat. Andere **Schmuckblattorchideen** sind leider meist schwierig zu pflegen.
Marmorierung oder Netzaderung der Blätter kommt auch bei tropischen Arten des Frauenschuhs *(Paphiopedilum)* vor. Mit fast rötlichen Blättern und der hellen Aderung reflektieren sie das Licht. Manchmal benutzen die Orchideen ihre Blätter auch als Speicherorgan, so die bekannte Falterorchidee *(Phalaenopsis)*. An extrem lichtreichen Standorten reduziert sich das Blatt auf einen zylindrischen Körper, der sowohl der Speicherung als auch der Photosynthese dient.
Eine andere Besonderheit ist die **saprophytische** Lebensweise weniger Orchideen. Sie assimilieren nicht oder nur kurze Zeit selbst und sind auf Symbiose mit Pilzen angewiesen. Ihre Blätter sind entweder nur zeitweilig vorhanden oder auf wenige Schuppen reduziert.

*Vanda* ist ein typisches Beispiel für monopodialen Wuchs bei Orchideen. Das Wachstum der Sprossachse setzt sich nur nach oben fort, unten verkahlt der Spross allmählich.

*Cattleya*-Pflanze: Das Bild zeigt die länglichen Bulben, größere, trockene Hüllblätter, das Rhizom und Teile der Luftwurzel. Cattleyen wachsen sympodial.

## Wuchsformen

Nach der Wuchsform kann man Orchideen in zwei Gruppen mit einigen Übergangsformen einteilen:

- Die **sympodial,** also mehrsprossig, wachsende Pflanzen bilden die Mehrzahl der Orchideen. Bei ihnen endet das Wachstum jährlich in einer **Endknospe** und wird an einer **Seitenknospe** wieder aufgenommen. Dadurch können sich sympodial wachsende Orchideen nach allen Seiten ausbreiten. Dieses Prinzip kennt man von heimischen Stauden.
- Die andere Gruppe der Orchideen bezeichnet man als **monopodial,** also einsprossig wachsend. Bei ihnen wächst der Hauptspross unbegrenzt. Allerdings kommt – entsprechend den klimatischen Gegebenheiten – das Wachs-

Luftwurzeln, hier bei *Dendrobium*. Hellgrün die Wurzelspitze, weiß die »Velamen« genannte Schicht, mit der Feuchtigkeit aus der Luft aufgenommen werden kann.

Wächst die Wurzel, wächst auch die Orchidee. Eine kranke Wurzel ist meist der Anfang vom Ende einer Orchidee. Kranke Wurzeln deshalb entfernen und die ganze Pflanze notfalls umtopfen.

tum durchaus zum Stillstand, wird aber dann wieder aufgenommen.

Bei sympodial wachsenden Orchideen erscheinen die Blüten endständig oder seitenständig am Spross, bei den monopodialen dagegen seitlich.

## Orchideenwurzeln

Orchideenwurzeln unterscheiden sich von den Wurzeln der meisten anderen Pflanzen.

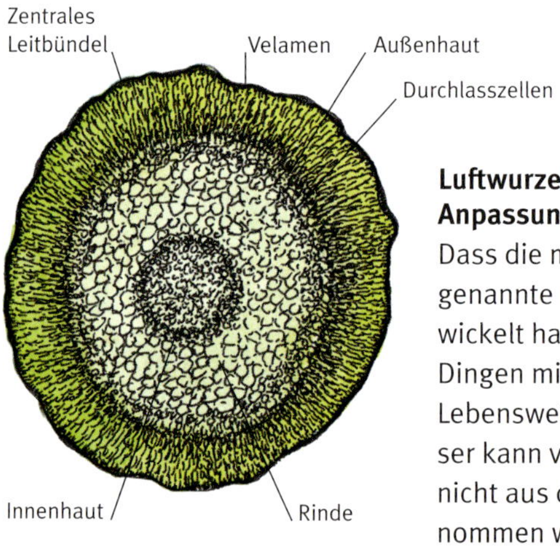


Querschnitt durch eine Orchideenwurzel.

Sie sind äußerlich dicker, farblich weiß, grau oder gelblich, an der Oberfläche weich oder drahtig hart. Bei **terrestrischen** Orchideen wie dem Frauenschuh umgibt sie manchmal ein Pelz aus braunen, gelben oder weißen Haaren. Sie verzweigen sich direkt aus dem Spross und sind häufig als Wurzelkranz angelegt. Das Wachstum erfolgt an den grünen Spitzen. Nun hat auch bei den Orchideen die Wurzel die Aufgabe, Wasser und Nährstoffe aufzunehmen, die Atmung zu ermöglichen und die Pflanze zu verankern, aber sie hat sich dazu anders organisiert, als das bei den Pflanzen sonst der Fall ist. Die Spezialisierung an das Orchideenleben kann so weit gehen, dass die Wurzel sogar die Aufgabe der Assimilation übernimmt.

### Luftwurzeln als optimale Anpassung

Dass die meisten Orchideen so genannte Luftwurzeln entwickelt haben, hängt vor allen Dingen mit der epiphytischen Lebensweise zusammen. Wasser kann von diesen Arten ja nicht aus dem Boden aufgenommen werden. Es steht nur kurzfristig (nach Regenfällen oder als Tau) zur Verfügung, muss dann aufgenommen und eingelagert werden. Die Wurzeln haben aber weitere Aufgaben, vor allem die Verankerung auf der Unterlage. Versucht man, eine epiphytische Orchidee von ihrem Platz zu lösen, wird das niemals ohne Beschädigung der Wurzel gehen. Fest legt sich die Wurzel an die Unterlage, schmiegt sich an, nutzt dabei jede Vertiefung. Später, wenn die Wurzel bereits abgestorben ist, nimmt der Rest wie ein Draht noch diese Haltefunktion wahr.

Weiter ist die Wurzel »Wohnort« der Pilze, die mit den Orchideen in Symbiose leben, der so genannten Mykorrhiza.

### Aufbau der Wurzeln

Betrachtet man einmal eine Wurzel genauer, kann man mehrere Schichten erkennen. Außen zunächst das **Velamen,** eine

mehrschichtige Epidermis, die zum überwiegenden Teil aus abgestorbenen Zellen besteht, die wie ein Schwamm Wasser speichern. Trocken sieht das Velamen silbrig aus, da die Zellen dann mit Luft gefüllt sind. In feuchtem Zustand schimmern die Chloroplasten (in ihnen findet die Photosynthese statt) aus darunter liegendem Gewebe durch und lassen die Wurzel grün erscheinen.
So genannte **Durchlasszellen** stellen die Verbindung zum Zentrum der Wurzel her, also zum eigentlichen Leitsystem. Hinter dem Velamen liegt die Außenhaut, gefolgt von der Wurzelrinde und der Innenhaut, einer eher festen Zellschicht (ebenfalls mit Durchlasszellen).
Die meisten terrestrischen (Erd-) Orchideen wachsen auf humoser, also sehr durchlässiger Substratauflage, vergleichbar lockerem Waldboden. Auch bei ihnen kann man das Velamen noch finden, was bei der Pflege berücksichtigt werden muss. Dringen die Wurzeln epiphytischer Orchideen in ein Substrat ein, verändern sie sich. Sie werden eher rund als flach, und die Schichten im Velamen sind dünner ausgebildet. Zusätzlich kennt man mehr oder weniger waagerecht wachsende, dünnere Luftwurzeln, die wie ein Korb aufrecht wachsen. In ihm sammeln sich Blatt- und Pflanzenteile, Tierkot und Kadaver, z. B. von Insekten, die dann als Nährstoffe genutzt werden.
Eine weitere Eigenart der Orchideen: Die **Wurzeln wachsen nur eine Vegetationsperiode lang,** sie schließen mit dem Trieb das Wachstum ab, können aber trotzdem voll funktionstüchtig bleiben. Mit dem Neutrieb bilden sich stets auch neue Wurzeln. Einmal zerstörte Wurzeln können daher nicht regenerieren.

## Verbreitung der Orchideen

Die Familie der Orchideengewächse (Orchidaceae) ist die artenreichste Blütenpflanzenfamilie überhaupt. Über ihre Artenzahl streiten sich die Experten; man nimmt an, es sind 20 000 bis 25 000, vielleicht sogar bis 30 000. Wirklich festgestellt hat das noch niemand. Viele Arten sind außerdem doppelt erfasst, manche dagegen noch gar nicht entdeckt.
Orchideen sind auf dem gesamten Erdball in (fast) allen Klimazonen zu Hause – nur mit Ausnahme der Wüsten und der polaren Zonen.

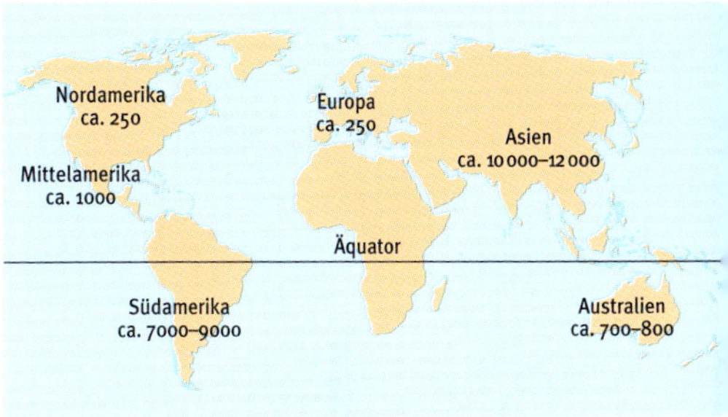

Verbreitungskarte und Artenzahl der Orchideen auf den einzelnen Kontinenten.

### auf einen blick

- Orchideen sind heute nicht mehr selten, aber immer noch faszinierend.
- Im Handel findet man mehr Züchtungen als Naturformen.
- Die Orchideenblüte ist einer Lilienblüte ähnlich, typisch ist die oft auffällige Lippe.
- Viele Orchideen haben Bulben als Speicherorgane und benötigen eine Ruhezeit.
- Die Blätter sind an die Umgebung angepasst, sie sind weich oder sukkulent (fleischig).
- Orchideen wachsen entweder ein- oder mehrsprossig.
- Fast alle Orchideen haben Luftwurzeln.
- Sie sind fast überall auf der Erde vertreten, es gibt auch bei uns heimische Arten.

# Kauf, Standort und Pflege

Die richtige Auswahl einer Orchidee für den Platz zu Hause und der Einkauf entscheiden maßgeblich über den späteren Pflegerfolg. Beachten Sie dann noch einige Dinge bei der täglichen Pflege, ist dauerhafter Blüherfolg so gut wie sicher.

## Orchideenkauf

Die Befragung der Besucher einer Blumen-Ausstellung 1998 zeigte, wo Orchideen eigentlich gekauft werden. 36 % der Befragten kaufen ihre Orchidee in einem Blumengeschäft, 34 % bei einem Orchideengärtner und nur 21 % in einem Gartencenter. Üblich ist auch der Versand durch Orchideen-Spezialbetriebe; einige in Deutschland sind schon über hundert Jahre alt. Erstaunlich: Nur 37 % der Befragten besaßen keine Orchideen, 41 % hatten eine bis fünf Orchideen und 20 % sogar mehr als fünf Orchideenpflanzen. Da mag die Zahl der verkauften *Phalaenopsis* (Falterorchidee) kaum verwundern. 1997 waren es allein aus den Niederlanden über 4 Millionen Exemplare.

◀ Alle weißen *Phalaenopsis* stammen ursprünglich von *Phalaenopsis amabilis* ab. Hier kann man kann leicht erkennen, warum *Phalaenopsis* auch Falterorchideen heißen. Daneben ein ebenfalls warm zu pflegender Frauenschuh.

Für immerhin 57 % der Befragten sind Orchideen keine schwierig zu haltenden Zimmerpflanzen, nur 38 % dagegen hatten schlechte Erfahrungen machen müssen. Dahinter verbergen sich neben Pflegefehlern sicher auch von vornherein vermeidbare Fehlkäufe. Dies kann auf falschen oder fehlenden Pflegeangaben durch den Verkäufer beruhen. Die spärlichen Pflegehinweise auf den kleinen Schildchen reichen nicht aus, sie sind eher verwirrend: halbschattig, wenig Wasser ... und fast alle Orchideen heißen dort »Cambria« (siehe Seite 60)! Der richtige Einkauf einer Orchidee entscheidet wesentlich über den späteren Kulturerfolg. Ob allerdings Falterorchidee oder Frauenschuh, kann nur der persönliche Geschmack entscheiden.

### Kaufkriterien

Bereits beim Einkauf sollte man »seine« Orchideen genau betrachten. Achten Sie auf mögliche Schwachstellen sowie auf folgende Punkte:

- Man sollte den Namen einer Orchidee kennen bzw. erfragen können. Nur so kann man auch noch nach dem Kauf Details erfahren, z. B. über den optimalen Standort und den Pflegebedarf.
- Der Zustand der Blätter. Orchideen mit schlaffen, beschädigten Blättern sowie solche mit kranken Wurzeln und/oder Schädlingsbefall sollte man beim Kauf zurückweisen. All dies sind schlechte Startbedingungen für die Orchideenkultur in der Wohnung.
- Nasses, schweres Substrat kann schnell zu irreparablen Schäden führen.
- Wo Orchideen mit Liebe gepflegt werden, erkennt man es schon an der Art der Präsentation. Wenn noch nicht einmal die Verpackung entfernt wurde, besonders bei *Phalaenopsis,* führt dies schnell zu Pilzbefall (Grauschimmel/*Botrytis)*, wenn die Pflanzen lieblos aufgebaut werden, Rispen abgebrochen sind, zeigt es

Keine Orchidee ohne korrekte Bezeichnung kaufen, denn nur so lassen sich später noch Informationen beschaffen.

Stehen die Orchideen schon im Laden in der Zugluft, ist von einem Kauf abzuraten. Die Spätfolgen erlebt man erst zu Hause; Knospenfall ist dabei das kleinste Übel.

nicht gerade einen sensiblen Umgang.
Niedrige Temperaturen im Verkaufshaus können zu Hause zum Knospenfall beitragen. Auch der Käufer selbst sollte den Transport nicht unüberlegt durchführen. Das kalte Auto im Winter, Überhitzung im Sommer. Im Winter unbedingt auf frostsichere Verpackung bestehen. Mehrere Lagen Zeitungspapier sind ein guter Schutz. Folien nicht nur aus Umweltgründen ablehnen; sie erhöhen das Botrytisrisiko.
Bei augenscheinlichen Mängeln nicht kaufen, auch nicht zum niedrigen Preis. Abgeblühte, sonst aber gesunde Pflanzen lassen sich jedoch häufig billiger erwerben. Knospige Exemplare zu erwerben ist gleichfalls risikoreich, sie vertragen die Umstellung von der Gärtnerei bzw. vom Handel zum Käufer schlecht. Wenn die Mehrzahl der Blüten einer Rispe aufgeblüht ist, verringert sich das Risiko des Knospenfalls.

Ein großes Angebot an Orchideenpflanzen sagt noch nichts über die Qualität aus. Besonders reichhaltige Auswahl bieten die Orchideenausstellungen der DOG.

### Artenschutz

Wenn Orchideen als exotische Souvenirs den Weg ins häusliche Wohnzimmer finden sollen, droht spätestens am Zoll das böse Erwachen. Wildorchideen stehen unter Artenschutz, ihre Einfuhr ist illegal. Es drohen Beschlagnahme und Geldstrafe. Um Orchideen aus Urlaubsländern importieren zu können, sind Einfuhrpapiere erforderlich; von Händlern ausgestellte Ausfuhrbescheinigungen reichen dagegen nicht.

## Die wichtigsten Wachstumsfaktoren

### Licht

Wärme, Licht und Luftfeuchtigkeit lassen sich beeinflussen; den »Grünen Daumen« kann man jedoch nicht kaufen, er wird durch Geduld und Beobachtung erworben.
Wie alle grünen Pflanzen brauchen Orchideen das Licht zur Photosynthese. Tropischen Orchideen steht das ganze Jahr über eine fast gleichmäßige Lichtmenge zur Verfügung. Lediglich der lokale Standort kann daran etwas ändern. Da Orchideen langsam wachsen, hätten sie in den Tropen als Bodenpflanzen meist keine Chance, sie würden anderen, schnell wachsenden Pflanzen unterliegen. Daher leben sie dort überwiegend als **Epiphyten** (Aufsitzerpflanzen) auf Bäumen oder Sträuchern (siehe Seite 18), manchmal sogar auf Felsen **(Lithophyten).** Je nach Lichtbedürfnis findet man sie dann an der Spitze, innerhalb der Krone oder sogar unterhalb eines Astes.

Pflanzen wachsen besonders gut in der Gemeinschaft, weil sie sich dort in ihrer Wirkung ergänzen. Einige spenden Schatten, andere verdunsten viel Feuchtigkeit über große, weiche Blätter. Auch Orchideen profitieren von einem solchen Umfeld. Spezielle Wachstumslampen verbessern zusätzlich die Kulturbedingungen.

Schon am Bau der Blätter – ob ledrig-sukkulent (fleischig) oder weich – kann man das Lichtbedürfnis der Orchideen erahnen. Danach wählt man den Standort aus, z. B. Südfenster für Pflanzen mit derben bzw. sukkulenten Blättern oder Nordfenster für solche mit weichem Laub.

Im Allgemeinen reicht das Licht im Zimmer für die Ansprüche der Orchideen aus. Wo andere tropische Zimmerpflanzen gedeihen, können auch Orchideen leben. Bei Lichtmangel, z. B. im Winter, sind zusätzlich spezielle Pflanzenlampen hilfreich.

## Temperatur

Ein Alpenveilchen möchte niedrigere Temperaturen als ein Usambaraveilchen, zumindest nachts und im Winter. So ist das auch bei den Orchideen, manche lassen sich wie Usambara-, andere eher wie Alpenveilchen pflegen. Wichtig ist es, die Temperaturansprüche der jeweiligen Pflanze zu kennen. Aus praktischen Gründen haben die Gärtner die Pflanzen je nach Gewächshaustemperatur in drei

**Temperaturen für Orchideen nach gärtnerischer Einteilung**

Angegeben sind jeweils die monatlichen Durchschnittstemperaturen (in °C) für Zimmer und Gewächshäuser.

| Monat | Kalt | Temperiert | Warm |
|---|---|---|---|
| Januar | 8–12 | 15–18 | 18–24 |
| Februar | 9–13 | 16–18 | 19–24 |
| März | 9–13 | 16–20 | 19–24 |
| April | 10–14 | 16–20 | 20–25 |
| Mai | 11–14 | 18–21 | 20–25 |
| Juni | 12–15 | 18–21 | 20–28 |
| Juli | 12–15 | 18–21 | 20–28 |
| August | 12–15 | 18–21 | 20–28 |
| September | 10–14 | 16–20 | 19–24 |
| Oktober | 9–13 | 16–20 | 19–24 |
| November | 8–12 | 15–18 | 18–24 |
| Dezember | 8–12 | 15–18 | 18–24 |

große Gruppen eingeteilt, die auch für Zimmer gelten: **kalt**, **warm** und **temperiert**.
Die Tabelle auf Seite 17 gibt die Temperaturen in °C an. Dabei muss man sich nicht sklavisch an die Angaben halten, denn Orchideen sind in gewissem Maß anpassungsfähig und tolerieren auch Abweichungen. Orchideen sind auch nur Zimmerpflanzen; sie leiden unter Zugluft und Kälte, sie verbrennen in der Sonne und vergeilen im Schatten.

## Wie leben Orchideen?

Grundsätzlich unterscheidet man zwischen **terrestrischen** (im Boden lebenden) **Orchideen** und den **epiphytisch** (als Aufsitzer) **wachsenden Arten.** Letztere stellen die überwiegende Zahl der Zimmerpflanzen unter den Orchideen dar.

Schmieriges, veralgtes, mit Moosen besetztes Substrat ist immer auch ein Zeichen für Luftmangel. Es entsteht häufig durch zuviel Feuchtigkeit.

*Oncidium* am heimatlichen Standort in Brasilien. Als Epiphyt (Aufsitzer) muss sie Luftwurzeln, Bulben und feste Blätter ausbilden und genügsam bleiben!

### Epiphytisch wachsende Orchideen

In den Tropen wachsen nicht nur Orchideen als Epiphyten, sondern auch Bromelien, Farne, usw. Lichtmangel am Boden ist der Grund für das Ausweichen auf Bäume und Sträucher. Die Pflanzen müssen sich auf vielfältige Weise an ihre »luftige« Umgebung anpassen, u. A. mit Luftwurzeln, die nicht nur zur Befestigung dienen, durch Sukkulenz (Dickfleischigkeit) und durch verschiedene Speicherorgane (siehe Seite 10). Mit Schmarotzen hat dies allerdings nichts zu tun.

**Der Urwald in der Wohnung**
Wie können diese Pflanzen aber bei uns überleben? Die einfachste Lösung wäre es, Epiphyten als Epiphyten in der Wohnung zu pflegen, also aufgebunden auf Holz- und Aststücke, in Holz oder Kunststoffkörbchen. Das gelingt aber nur, wenn Luft, Licht, Luftfeuchtigkeit und Temperatur den tropischen Verhältnissen entsprechen. Zu erreichen ist dies allenfalls im Gewächshaus, im Wintergarten oder in einer Vitrine (siehe Seite 47 ff.).

**Entscheidend: das Substrat**
Bei der Pflege im Topf, ob auf der Fensterbank, im Gewächshaus oder Wintergarten, kann das Pflanzsubstrat die unmittelbare epiphytische Umgebung ersetzen. Das Substrat muss daher höchsten Ansprüchen genügen, es muss besonders locker und luftreich sein (siehe Seite 21 ff.). Die Orchideenwurzeln brauchen die luftreiche Atmosphäre, das Substrat darf sich niemals verdichten.
**Weiches Gießwasser** mit nur geringem Salzgehalt ist zur Pflege der Epiphyten ebenso nötig wie besonders viel Frischluft in der Umgebung.

**Wer wächst, darf auch ruhen**
Orchideen mit Bulben – das sind die meisten Epiphyten– benötigen immer eine **Ruhezeit.** In dieser Periode überdauern sie in der Natur ungünstige Lebens-

bedingungen und wachsen dabei kaum. Diese Ruhephase dauert unabhängig von der Jahreszeit bis zum Neutrieb, also bis zur nächsten Vegetationsperiode. Manche Orchideen ruhen fünf Monate, andere nur drei bis vier Wochen.

## Terrestrisch wachsende Orchideen

Ursprünglich wuchsen alle Orchideen im oder besser auf dem Boden. Erst die Konkurrenz (Lichtmangel und zu langsames Wachstum) zwangen sie zur Anpassung an »höhere Welten«. Terrestrische Orchideen wachsen zwar im Boden, aber auch sie bevorzugen lockere, humose Substratauflagen im Wald, am Waldrand oder im Gras. Bekannteste Vertreter sind für diese Gruppe bei den tropischen Orchideen die Frauenschuh-Arten *(Paphiopedilum)* und die Kahnlippen *(Cymbidium)*, von denen jedoch nicht alle Arten terrestrisch wachsen. Unsere heimischen Orchideen und die des Mittelmeergebiets sowie viele Bergorchideen zählen zu den Erdorchideen.
Terrestrische Orchideen und Erdorchideen kommen leichter an das (Boden-)Wasser, Nährstoffe stehen ihnen mehr oder weniger kontinuierlich zur Verfügung. Trotzdem benötigen auch sie eine **Ruhezeit,** die bei Pflanzen mit Sprossknollen sogar extrem lange ausfallen kann. Bei anderen, dazu gehört der tropische Frauenschuh, ist die Ruhezeit hingegen nur mit einer leichten Temperaturabsenkung und/oder geringeren Niederschlägen verbunden.
Die Wurzeln der terrestrischen Orchideen sind im Boden besser geschützt. Die Einflüsse der Umgebung – Wind, Licht und Trockenheit – können ihnen, zumindest kurzfristig, weniger gefährlich werden. Der Aufbau der Wurzel hat sich darum abweichend entwickelt. Da die Lebensbedingungen terrestrischer Orchideen ausgeglichener sind, verkraften sie Extremsituationen insgesamt weniger gut als Epiphyten.

### Pflege terrestrischer Orchideen

Das Substrat terrestrischer Orchideen sollte niemals ganz trocken werden; allerdings ist Staunässe unbedingt zu vermeiden. Nährstoffe können entsprechend dem Wachstum höher dosiert verabreicht werden. Wurzeln werden beim Verpflanzen nur entfernt, wenn sie faul oder beschädigt sind. Im Gegensatz zur tropischen Heimat der Orchideen mit ganzjährig ausgeglichenem Klima stammen viele terrestrische Orchideen aus Gebieten mit deutlichen Jahreszeiten. Dementsprechend fällt die Ruheperiode extremer aus, und sie verlieren z. B. im Winter oder in der Trockenzeit ihr Laub und ruhen dann völlig. Ansonsten gibt es bei der Pflege kaum einen Unterschied zu den Epiphyten, lediglich beim Umtopfen verwendet man feinere Bestandteile im Substratgemisch.

*Cymbidium tracyanum* wächst terrestrisch in Höhenlagen in Burma (Myanmar). Im Zimmer kann sie kühl und hell kultiviert werden und im Sommer ruhig im Garten stehen.

Auch die Pflege heimischer – terrestrischer – Orchideen im Garten ist möglich, allerdings nicht ganz einfach. Angeboten werden die Pflanzen in spezialisierten Staudengärtnereien. Alle unsere Orchideen fallen unter das Naturschutzgesetz; daher Zuchtnachweis verlangen!

Ob das Pflanzgefäß aus Kunststoff ist oder ein Holzkörbchen verwendet wird entscheidet letztlich die Umgebung (Luftfeuchtigkeit) und die zur Verfügung stehende Zeit. Das Holzkörbchen trocknet in der Wohnung schneller aus, ideal ist es für Gewächshaus oder Wintergarten. Lichtdurchlässige Töpfe ermöglichen die Photosynthese der Wurzel, wie in der Natur.

## Pflanzgefäße

Das Pflanzgefäß ist quasi die Wohnung der Orchideen, das Substrat die Inneneinrichtung. Erst wenn man nach seinen Vorstellungen eingerichtet ist, fühlt man sich wirklich wohl. Dies gilt auch für die Orchideen.
Früher gab es speziell für Orchideen entwickelte Gefäße, Tontöpfe mit großen, seitlichen Löchern, oder extra hohe Töpfe für *Cymbidium,* die so viele Wurzeln entwickeln, dass sie ihren Topf rasch ausfüllen und die Pflanze aus dem Topf nach oben schieben. Speziell für epiphytische Orchideen werden heute Körbchen aus Holz und Kunststoff angeboten. Eigentlich sind solche Spezialgefäße gar nicht notwendig. Epiphyten bevorzugen flache Gefäße, da sie ihre Wurzeln waagerecht ausbreiten.

*Rossioglossum grande,* auch bekannt als *Odontoglossum grande,* in einem handelsüblichen Ampelgefäß. Solche besonders flachen Töpfe sind gut geeignet für epiphytische Orchideen.

Hier ist deutlich zu sehen, warum dieses *Rossioglossum grande* die Bezeichnung »Münchner Kindel«-Orchidee trägt.

Der Streit, ob Kunststoff oder Tontopf, ist schon lange zu Gunsten des Kunststofftopfes entschieden. Am Tontopf wird laufend Feuchtigkeit nach außen verdunstet, es entsteht Kälte, Salze lagern sich am Rand ab, und es kann zu Wurzelschäden kommen. Im **Kunststofftopf** wird Gießwasser gespart, er ist leicht zu reinigen. Nachteilig für hohe Pflanzen ist nur sein geringes Gewicht; man kann die Standfestigkeit jedoch durch eingelegte Kieselsteine verbessern. Nur hochwertige Kunststoffe verwenden.

- So genannte Ampeltöpfe, mit oder ohne Untersatz, sind häufig flach; bei ausreichender Drainage (Styropor) sind sie ideale Orchideengefäße.
- Ebenfalls geeignet sind Holzkörbchen sowie Gittertöpfe, die für Wasserpflanzen angeboten werden. Sie lassen viel Luft an die Wurzeln. Damit feine Bestandteile nicht aus dem Substrat gewaschen werden, kann man Netze einlegen. Geeignet sind Kunststoffnetze, wie sie für Obst und Früchte als Verpackung benutzt werden.
- Töpfe, Schalen und Körbe aus Korkeichenrinde sind im Floristenbedarf erhältlich und wirken sehr dekorativ.

## Pflanzstoffe für Orchideen

Bei den fertig gemischten Orchideenerden (Substrat) des Handels müssen Sie auf die Inhaltsstoffe achten und entsprechend vergleichen.
Alle Orchideen wollen ein lockeres, durchlässiges Gemisch.
Um die beste Zusammensetzung streiten sich Gärtner, seit Orchideen aus ihrer tropischen Heimat nach Europa kamen. Favorisiert wurden und werden Stoffe, die erstens verfügbar und zweitens erschwinglich sind. Alle sind sich einig, dass sämtliche Zuschlagstoffe **strukturfest** sein müssen, damit sie nicht schnell verdichten. Sie sollen **wenig oder keine Salze** enthalten und **leicht sauer** reagieren. Einen Pflanzstoff, der für alle Orchideen und alle Orchideengärtner gleichermaßen geeignet ist, gibt es jedoch nicht.

### Natürliche Materialen

Als Grundmaterial verwendete man früher Farnwurzeln, *Sphagnum* (Torfmoos) und Buchenlaub. Farnwurzeln stammen von Arten, die jetzt unter Naturschutz stehen, wie dem Königsfarn *(Osmunda regalis)*. Wurzeln von tropischen Baumfarnen, wie sie teilweise noch immer angeboten werden, sind ebenfalls strengstens geschützt, ihre Freigabe in den Handel ist streng reglementiert. Vor dem Kauf daher nach der Herkunft fragen.
Als Torf ist **Weißtorf** in unterschiedlicher Fraktionierung als so genannter Hühnerstreu-, Faser- oder Brockentorf gebräuchlich. Außerdem **Schwarz-** oder **Brenntorf.** Die Verwendung von Torf ist heute umstritten, obwohl für Orchideensubstrate sicher keine Moore vernichtet werden. Dennoch sollte man, wenn möglich, darauf verzichten.
Daneben gibt es **Merantispäne** aus tropischen Bäumen der Gattung *Shorea* als Substratbestandteil. Das Holz wird bei uns

Ochideensubstrat, Kokoschips und Rinde, im Vordergrund Styroporflocken zur Verbesserung der Drainage. Im lichtdurchlässigen Topf gut sichtbar: die Luftwurzeln der Orchidee.

Orchideensubstrat mit Styroporflocken, manchmal auch als Atmungsflocken angeboten. Der Styroporanteil kann bis zu 30 % betragen.

im Fensterbau verwendet, die bei der Fertigung anfallenden Späne ergeben den Orchideenpflanzstoff. Weitere Bestandteile sind **Rinden** und **Borken** von Kiefern oder Douglasien. Diese werden von alten, natürlich gewachsenen Bäumen als spezielle Orchideenrinde angeboten.

Ganz wichtig sind heute **Kokosfasern,** sie fallen bei der Produktion aller Kokosprodukte als Abfallmaterial an. Auch **Reisspelzen,** ebenfalls ein Abfallprodukt, sind gut geeignet. Manche Orchideenliebhaber benutzen als Zuschlagstoffe außerdem **Kies, Kompost** und **Lehm,** allerdings vorwiegend für terrestrische Orchideen.

Finden Sie Ihre eigene Substratmischung. Wenn man zu zu häufigem Gießen neigt, müssen strukturfeste Materialien überwiegen, andernfalls muss man gegen zu rasches Austrocknen mehr Torf verwenden. Für den Anfänger reichen die Fertigerden aus.

## Synthetische Pflanzstoffe, Gesteine und Mineralien

Diese Stoffe sollen teure Naturprodukte ersetzen. Für Profigärtner wichtig: Orchideen in synthetischen Stoffen sollen höhere Düngermengen vertragen, denn zügiges Wachstum ist angesagt. Schnelles Wachstum bedeutet aber weicheres Gewebe und damit höhere Anfälligkeit gegen Krankheiten. Meistens werden **Schaumstoffe** (aber auch Schaumgummi) eingesetzt, am häufigsten Polystyrol, besser bekannt unter der Markenbezeichnung **Styropor.** Es sorgt für die richtige Durchlüftung von organischen Substraten. Erst der hohe Torfanteil macht diese Gemische problematisch. Dies tritt besonders im zweiten Kulturjahr auf, die Substrate verdichten, werden schmierig, die Luftwurzeln sterben auch bei richtiger Pflege ab, einfach weil sie ersticken. Der Gärtner vermeidet Schäden durch rechtzeitiges und häufiges Verpflanzen, aber was macht der Verbraucher?

**Perlite, Bims, Blähton** sind weitere preiswerte Zuschlagstoffe. In anteiligen Maßen sind sie unbedingt zu empfehlen. Völlig ohne weitere Zuschlagstoffe kommt **Steinwolle** aus. Sie entsteht durch Erhitzen verschiedener Mineralien und bleibt in ihrer Struktur langfristig un-

| Kriteriun | Torf | Rindenhumus |
|---|---|---|
| pH-Wert | sehr niedrig | zum Teil hoch |
| Salzgehalt | niedrig | niedrig |
| Nährstoffe | sehr niedrig | mittel bis niedrig |
| Wasserkapazität | sehr gut | befriedigend |
| Luftkapazität | gut | sehr gut |
| Pflanzenverträglichkeit | sehr gut | sehr gut |
| Strukturstabilität | sehr gut | sehr gut |
| Umweltverträglichkeit | umstritten | sehr gut |
| Bemerkungen | großes Puffervermögen, nahezu keimfrei | krankheitshemmend, Stickstoffbedarf schwer regulierbar |
| Bedeutung | wichtigster Zuschlagstoff | Bestandteil fast aller Substrate |

**Eigenschaften einiger Substratkomponenten**

| Holzfasern/ Meranti | Blähton/ Seramis | Kokosfaser/ Chips | Reis-spelzen | Sphagnum | Farn | Kompost | Styropor | Steinwolle |
|---|---|---|---|---|---|---|---|---|
| niedrig | neutral | mittel | mittel | niedrig | niedrig | hoch | neutral | neutral |
| niedrig | niedrig/ neutral | unter-schiedlich | niedrig | niedrig bis mittel | niedrig | mittel | kein | kein |
| niedrig | niedrig/ neutral | niedrig | niedrig | niedrig | niedrig | mittel bis hoch | kein | kein |
| befriedigend | sehr gut | gering bis sehr gut | gering | sehr gut | sehr gut | gut | niedrig | sehr gut |
| gut | sehr gut | gut bis sehr gut | sehr gut | sehr gut | sehr gut | gut | sehr gut | gut |
| gut | sehr gut | gutgut | gut | gut | gut | sehr gut | sehr gut | |
| befriedigend | sehr gut | sehr gut | sehr gut | befriedigend | sehr gut | gut | sehr gut | sehr gut |
| sehr gut | gut | umstritten | sehr gut | umstritten | umstritten | sehr gut | umstritten | umstritten |
| schlechte Pufferung, Stickstoff-bedarf schwer regulierbar | sehr hohes Eigengewicht. Seramis nur bei aus-reichender Wasser-kontrolle | kein Puffer-vermögen, beste Voraus-setzungen für Epiphyten, auch als Chips Verwendung | kaum Puffer-vermögen | bakterizide und fungizide Wirkung | natür-liche Um-gebung für Orchideen | nur für terrestrische Orchdeen | wichtigster Zuschlag-stoff | nur mit ständiger Kontrolle einsetzbar |
| weniger | Zuschlag-stoff | wichtig | | wichtig für die Bewur-zelung von Bulben, für Epiphyten | gering, weil selten legal angeboten | wichtig für Erdorchideen | für alle Substrate | Profi-gärtner |

verändert, enthält keine Nährstoffe, ist keimfrei und preiswert. Wasser und Nährstoffe können hier »planmäßig« eingesetzt werden. Erforderlich ist dann aber ständige Kontrolle, ein Mangel oder Überschuss an Nährstoffen wirkt sich schnell negativ aus. Wehe, wenn solche Orchideen in Laienhände geraten!

Ganz anders **Seramis,** ein Tongranulat, das gerade diesen Pflegefehlern vorbeugend entgegenwirken soll (siehe Seite 34 f.).

**Blähton** hat positive Eigenschaften, er hält Feuchtigkeit und Nährstoffe, aber auch Sauerstoff und bleibt strukturstabil. Weitere Eigenschaften siehe Seite 32 ff.

Pflanzen in schmierigen, torfreichen Substraten sollte man nach dem Kauf sofort umsetzen und Stress vermeiden. Eventuell muss man sogar zunächst auf die Blüte verzichten.

**Bewährte Substratmischungen**

| Mischung ① für Epiphyten | Mischung ② für Epiphyten | Mischung ① für terrestrische Orchideen | Mischung ② für terrestrische Orchideen |
|---|---|---|---|
| 1 Teil Buchenlaub<br>2 Teile Meranti<br>1 Teil Kokosfasern/Chips<br>1 Teil Kiefernrinde<br>1 Teil Sphagnum | 3 Teile Torf<br>2 Teile Rinde<br>2 Teile Styroporflocken<br>1 Teil Blähton | 1 Teil Buchenlaub<br>1 Teil Torf (grob)<br>1 Teil Torf (fein, faserig)<br>1 Teil Blähton oder Lehm<br>1 Teil Rinde | 3 Teile Torf<br>2 Teile Styroporflocken<br>2 Teile Lehm<br>1 Teil Blähton |
| Düngerzusatz auf 1 Liter Volumen<br>3 g kohlensaurer Kalk<br>2 g Hornspäne<br>1/2 g Spurennährstoffdünger | Düngerzusatz auf 1 Liter Volumen<br>4 g kohlensaurer Kalk<br>2 g Hornspäne<br>1/2 g Volldünger<br>1/2 g Spurennährstoffdünger | Düngerzusatz auf 1 Liter Volumen<br>3 g kohlensaurer Kalk<br>1/2 g Volldünger<br>1/2 g Spurennährstoffdünger | Düngerzusatz auf 1 Liter Volumen<br>wie für Mischung ① |
| Bemerkungen<br>Zum Aufbinden kann der Kokosfaseranteil erhöht werden.<br>Für Gefäße 0,25 g eines Volldüngers zusetzen. | Bemerkungen<br>Universalpflanzstoff strukturstabil für 2 Jahre | Bemerkungen<br>Je nach Pflanzenart können feinere Bestandteile gewählt werden, z. B. für *Paphiopedilum*. | Bemerkungen<br>Geeignet für *Cymbidium, Zygopetalum* |

Buchenlaub, ein früher viel eingesetzter Bestandteil in Orchideensubstraten, ist heute vielfach vergessen. Da Buchenlaub wenig zersetzt verwendet wird – es stammt immer aus dem letzten Herbst –, verbessert es zunächst die Struktur; langfristig bietet es außerdem eine schwach fließende Nährstoffquelle – genau das Richtige für Hobbygärtner.

Orchideen vom Fließband (hier: eine Topfmaschine) sind in großen Gartenbaubetrieben längst Alltag.

## Orchideen umtopfen

Wie alle langsam wachsenden Pflanzen wollen Orchideen nur selten gestört werden. Umtopfen daher nur,

- wenn der neue Trieb keinen Platz mehr im Gefäß findet
- wenn die Substratoberfläche schmierig oder stark veralgt ist
- wenn der Pflanzstoff zersetzt ist oder wenn die Wurzeln verfault sind.

Umgetopft wird immer mit **dem Erscheinen des neuen Triebes,** bei *Phalaenopsis,* wenn sich das Herzblatt bildet (Seite 39).

### Die Vorbereitung

- Pflanzstoff bereitstellen, evt. anfeuchten. Ist der Torfanteil sehr trocken, hilft ein Spritzer Spülmittel (Pril) als Netzmittel.
- Orchideen drei Tage vor dem Umsetzen kräftig gießen, gesunde Pflanzen nochmals düngen.
- Pflanzgefäße bereitstellen, reinigen, wenn nötig desinfizieren, z. B. mit Neochinosol aus der Apotheke (1 g/l).
- Pflanzen unbedingt auf Schädlinge untersuchen und diese in jedem Fall vor dem Umsetzen bekämpfen!
- Werkzeug bereitlegen: scharfes Messer oder Rosenschere, Feinzerstäuber, Gießkanne, Verdunstungsschutzfolie, außerdem Bindebast, Draht und Stäbe. Drainage aus Styropor. Bei kleinen Töpfen sorgen Kieselsteine für einen günstigeren Schwerpunkt.

### So gehen Sie vor:

- Orchidee aus dem alten Gefäß lösen, dabei möglichst wenig Wurzeln beschädigen. Lose Pflanzstoffreste vorsichtig entfernen, niemals abreißen!
- Wurzelschnitt: alle beschädigten und faulen Teile restlos mit einem glatten, nicht quetschenden Schnitt entfernen.
- Pflanzenschnitt: alle faulen, beschädigten Blätter, Blüten und Knospen entfernen.
- Teilungs- oder Verjüngungsschnitt. Bei sympodial wachsenden Pflanzen mindestens drei gesunde Bulben belassen. Die Teilung erfolgt dabei immer an den Verzweigungen am Rhizom. Bei monopodialen und bei länglichen Bulben mit vielen Nodien sind Stecklinge möglich.
- Neue Pflanzgefäße so wählen, dass mindestens zwei neue Triebe (Bulben) darin Platz finden. Bei monopodialem Wuchs höchstens drei Topfgrößen größer wählen (vom 10-cm-Topf auf den 13-cm-Topf usw.).
- Wird am Epiphytenstamm oder an Rinde aufgebunden, die Pflanzen wirklich **fest** anbinden. Wenig, aber weiches Substrat, z. B. *Sphagnum* (Torfmoos) verwenden. Im Gefäß dienen bei fehlenden Wurzeln Drahthaken als Wurzelersatz, Stäbe zum Festbinden hineinstecken. Drainage einfüllen.
- Orchidee einsetzen. Bei sympodialen Orchideen den letzten Trieb an den Topfrand bringen. Monopodiale und kleine Pflanzen in die Gefäßmitte setzen. Pflanzstoffe einfüllen, andrücken – so fest, dass die Pflanzen nicht »wackeln«.
- Nur angießen, wenn der Pflanzstoff trocken ist! Vorher mit der Fingerprobe prüfen.
- Den Standort so wählen, dass Schutz vor direkter Sonne gewährleistet ist. Verdunstungsschutz durch Folien oder Vlies; in den ersten drei Wochen nur sprühen, nicht gießen.
- Weiche Neutriebe vor Schnecken, Läusen und Fäulnis schützen.
- Nach der Wurzelneubildung die Folie entfernen. Zunächst Blattdünger einsetzen, nach zwei bis drei Monaten wieder regelmäßig normal düngen.

① Zunächst alle offensichtlich beschädigten und kranken (braunen, matschigen und trockenen) Wurzeln mit einer scharfen Schere abschneiden. Kein quetschender Schnitt!

② Die Orchideen zuerst vorsichtig aus dem alten Pflanzgefäß lösen. Feuchtes Substrat lässt sich leichter entfernen. Das alte Substrat auf Schädlinge untersuchen. Alle losen Bestandteile entfernen, nichts von den Wurzeln gewaltsam abreißen.

③ Nach der Auswahl des neuen Pflanzgefäßes werden zusätzlich gesunde Wurzeln entfernt, die ohnehin keinen Platz im neuen Topf finden würden, jedoch ohne geknickt oder gebrochen zu werden.

④ Auffüllen der Substratmischung bis zum Gießrand, ca. 1 cm unter dem Topfrand. *Phalaenopsis* in der Topfmitte halten, der neue Wurzelkranz soll mit der Substrathöhe abschließen. Sympodial wachsende Orchideen so einsetzen, dass zwei Triebe (Bulben) bis zum Topfrand Platz finden.

⑤ Zuerst die Pflanze in das neue Gefäß einpassen, dann Drainage, Styroporflocken oder Kieselsteine einfüllen; danach wird der neue Pflanzstoff vorsichtig zwischen die Wurzeln gelegt, die gröberen Bestandteile nach unten. Dabei ist jedes Quetschen der Wurzeln zu vermeiden.

⑥ Im letzten Arbeitsschritt wird der Pflanzstoff vorsichtig angedrückt; dabei den Topf leicht aufstoßen, damit sich die Hohlräume auffüllen. Zuletzt wird alles nochmals kontrolliert.

## Orchideen richtig gießen

In erster Linie hängt der Kulturerfolg bei Orchideen vom richtigen Gießen ab. Nur wenige Pflanzen vertrocknen, 90 % aller Zimmerpflanzen sterben jedoch den »Tod durch Ertränken«. Die Folge von zu viel Wasser ist Sauerstoffmangel im Wurzelbereich, sodass die Wurzel erstickt und die Pflanze letztlich verhungert.

Nur wenn Wasser in ausreichender Menge nachgeführt wird, kann die Orchidee wachsen. Eine geschädigte Wurzel kann diese Aufgabe nicht erfüllen, auch wenn Wasser eigentlich vorhanden ist.

Grundsätzlich dürfen Orchideen nur gegossen werden, wenn das Substrat wirklich trocken ist!

### Wasserqualität

Ganz allgemein hat die Wasserqualität einen Einfluss auf das Wachstum der Orchideen. Neben evtl. enthaltenen Säuren ist vor allem die **Wasserhärte** entscheidend. Man kann sie beim zuständigen Wasserversorgungsunternehmen erfragen. Die Skala reicht von 1 (weich) über 2 (mittelhart), 3 (hart) bis 4 (sehr hart). Orchideen brauchen weiches Wasser. Hohe Härtegrade bilden zudem unschöne Kalkablagerungen auf den Blättern und Blüten.

Mangels reinen Regenwassers oder geeigneten Leitungs-, Brunnen- und Quellwassers sind viele Orchideenliebhaber dazu gezwungen, das Wasser für die Pflanzen aufzubereiten. Um den schädlichen Salzgehalt (Wasserhärte, Nährsalze etc.) des Wassers zu reduzieren, gibt es physikalische, technische und chemische Methoden und entsprechende Geräte im Fachhandel.

Auch die Kaffeemaschine kann zur Wasseraufbereitung verwendet werden; man bekommt dadurch zwar kein destilliertes, aber immerhin ein weicheres Wasser.

### Fingerprobe

Die Fingerprobe ist und bleibt die sicherste Methode, um zu prüfen, ob gegossen werden muss oder nicht. Fühlt sich das Substrat feucht und kühl an, darf nicht gegossen werden. Gerade weil das Wasser vom Substrat kaum gehalten wird, lässt man sich leicht täuschen.

- Sogar wenn die Blätter welken, das Substrat sich jedoch feucht anfühlt, nicht gießen!
- Verdichteten, alten Pflanzstoff weniger gießen!
- Hydrokultur, Seramis und andere Methoden erleichtern das Gießen (siehe Seite 32 ff.).
- Die richtige Gießwassertemperatur entspricht immer der Umgebungstemperatur.

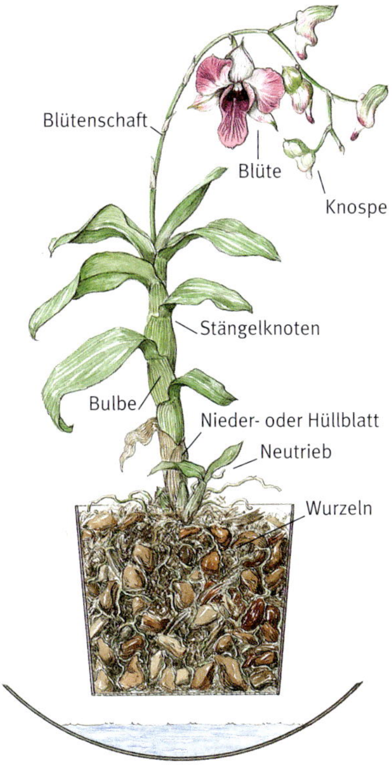


**Richtig gießen**
Lockerer Pflanzstoff ist die Voraussetzung für gesunde Wurzeln. Für das Gedeihen entscheidend ist die Wassermenge – zu viel Wasser hat schlaffe Bulben, Blätter und Blüten zur Folge.

Orchideen mit weichem Wasser gießen, Wassertemperatur = Umgebungstemperatur. Leitungswasser abstehen lassen, Chlorgas muss entweichen können. Das Wasser gleichmäßig über die Substratfläche verteilen.

## Luftfeuchtigkeit

Hohe Luftfeuchtigkeit in der unmittelbaren Umgebung der Orchideen ist erwünscht. Nur so können Epiphyten mit den in der Natur geringen Wasser- und Nährstoffmengen auskommen. Sie wachsen in der Natur vergleichsweise langsam. Luftfeuchtigkeit sorgt zusätzlich für Verdunstungskälte, schützt also die Orchideen vor starker Sonneneinwirkung. Die nötige Luftfeuchtigkeit ist in kühlen Räumen leichter zu erreichen als in warmen, im Zimmer schwieriger als im Gewächshaus oder Wintergarten. Zwar lassen sich keine allgemein gültigen Luftfeuchtigkeitswerte für Orchideen nennen, doch sollte man für Orchideen im Zimmer 55–80 % Luftfeuchte anstreben.

Hohe Luftfeuchtigkeit kann nicht die Substratfeuchtigkeit ersetzen, Substratfeuchte aber auch nicht die Luftfeuchtigkeit. Trotzdem sind beide Faktoren voneinander abhängig.

Zur Verbesserung der Luftfeuchte so genannte **Fensterschalen** verwenden. Das sind flache, mit Bims, Lava oder Blähton gefüllte Schalen. Sie werden mit Wasser gefüllt, allerdings immer nur so viel, dass das Wasser die Füllung selbst nicht bedeckt. Über die große Oberfläche der Materialien kann das Wasser gut verdunsten. Die Heizung, die ja meist unter dem Fenster angebracht ist, oder die Sonneneinstrahlung sorgt für die Erwärmung der Schalen und damit für eine entsprechende Verduns-

Optimale Erfolge kann man mit einer Nebelsprühanlage erzielen; dies ist natürlich nur im Gewächshaus möglich. Feinste Verteilung der Wassertropfen verhindern Tropfschäden. Die Lufttemperatur wird im Sommer gekühlt. Solche Anlagen lassen sich auch automatisch steuern.

Mit einer Fensterschale erhalten Sie die benötigte Luftfeuchtigkeit auch im Zimmer. In dieser Zusammenstellung finden sich kühl wachsende Orchideen: von links nach rechts *Paphiopedilum*, × *Odontonia*, *Cymbidium* und *Rossioglossum grande*.

Die Luftfeuchtigkeit für Ihre Orchideen können Sie auch durch das Aufstellen groß- und weichblättriger Begleitpflanzen erhöhen, die entsprechend viel Wasser verdunsten. Geeignet sind z. B. Nestfarn, *Schefflea Philodendron*, Gummibaum und *Calathea*.

tung. Dadurch lassen sich um fast 30 % höhere Luftfeuchtigkeitswerte im unmittelbaren Bereich der Pflanzen erreichen. Zusätzlich wird überschüssiges Gießwasser aufgefangen.
**Elektrische Luftbefeuchter,** Nebelanlagen oder Verdampfer können nicht nur im Gewächshaus oder Wintergarten, sondern auch am Zimmerfenster eingesetzt werden. Leider sind sie teuer und müssen regelmäßig gewartet werden.

*Masdevallia coccinea* aus Kolumbien und Peru zählt zu den so genannten Nebelwaldorchideen. Dort wachsen sie in Höhenlagen von 2 400 bis 3 000 m.

## Ernährung der Orchideen

Wenn die Orchideen auch zu den eher genügsamen Geschöpfen zählen, benötigen auch sie Nährstoffe wie alle anderen Pflanzen. Dabei haben sie bestimmte Vorlieben bei der Zusammensetzung ihrer Nahrung. Außer Kohlendioxid und Wasser brauchen Orchideen wie alle Pflanzen Nährstoffe. Stickstoff (N), Phosphor (P), Kali (K) bezeichnet man als **Kernnährstoffe,** Schwefel, Calcium, Magnesium als **Sekundärnährstoffe,** Eisen, Mangan, Kupfer, Zink und weitere als **Spurenelemente.**

Epiphyten bekommen zwar problemlos Luft, schwieriger aber Wasser und Nährstoffe. Dazu verwenden sie die Luftwurzeln, teilweise auch die Blätter. Das Nährstoffangebot muss schnell genutzt werden: stickstoffreicher Regen nach einem Gewitter, staub- und damit nährstoffhaltiges Wasser, das an der Rinde abläuft, oder Zersetzungsprodukte der Pflanzen- und Tierwelt. All dies steht nur kurzfristig zur Verfügung. Grundsätzlich sind Orchideen bescheiden in ihren Nährstoffansprüchen, hohe Düngergaben können sogar schaden.

Eine *Zygopetalum*-Hybride; ursprünglich stammen die Vorfahren dieser schönen Sorten aus Brasilien und Peru. Die Mindesttemperatur im Winter sollte bei 12 °C liegen, sie sind also eigentlich keine echten Zimmerorchideen.

### Mäßig, aber regelmäßig

Das Wachstum wird von dem am wenigsten vorhandenen Bestandteil begrenzt, dem so genannten Minimumfaktor. Er entscheidet über gutes Gedeihen. Der Mangel an einem Nährstoff kann durch Überfluss an einem anderen nicht ausgeglichen werden. Mängel treten allerdings nicht spontan auf und lassen sich auch nur schwer erkennen. Orchideen wachsen langsam, Ursache und Wirkung liegen daher zeitlich oft weit auseinander. Bei der Pflege ist es daher wichtig, vorbeugend zu handeln. Regelmäßige und ausgewogene Versorgung ist wichtiger als eine kurzfristige und einseitig hohe Konzentration der Nährstoffe.
Die Wurzeln sind für die Nährstoffaufnahme überwiegend verantwortlich. Deshalb sind geschädigte Wurzeln auch der Hauptgrund für mangelndes Wachstum bei Orchideen, nicht **Nährstoffmangel.**
Im Substrat der Orchideen sind Nährstoffe je nach Substrat in unterschiedlichen Bindungsformen vorhanden. Einige sind wasserlöslich, also nach dem Gießen sofort verfügbar, sie können leicht aufgenommen werden. Bei Orchideensubstra-

ten sind das häufig nur die zugeführten mineralischen Grund- und Zusatzdünger. Andere Nährstoffe sind an Humus- oder Mineralteilchen gebunden oder müssen erst, beispielsweise durch Mikroorganismen oder Säuren, aufbereitet werden. Je weniger Nährstoffe aus dem Substrat kommen, desto mehr müssen als Dünger zugeführt werden.

## Der richtige pH-Wert

Der **pH-Wert** des Substrates gibt an, ob der Boden sauer oder alkalisch ist. Ein pH von 7 kennzeichnet einen neutralen Boden, bei Werten über 7 ist er basisch, unter 7 dagegen sauer. Für Orchideen soll der pH-Wert im Bereich zwischen 4,5 und 5,5 liegen, sie lieben also einen schwach sauren Boden.
Durch **Kalk** lässt sich der pH-Wert zu stark saurer Substrate (z. B. Torf, Rinde) erhöhen. Auch kalkhaltiges Wasser hat diesen bei sauren Substraten positiven Effekt. Nur bei einem günstigen pH-Wert ist die Aufnahme der Nährstoffe möglich.

## Orchideendünger

Es gibt verschiedenste Orchideendünger mit speziell auf deren Bedürfnisse abgestimmter Nährstoffzusammensetzung. Sie werden von vielen Firmen angeboten. Gedüngt wird bei

Fertigdünger für Orchideen gibt es heute von allen Herstellern, sie unterscheiden sich in der Zusammensetzung und im Preis!

*Paphiopedilum* 'Supersuk'; diese herrliche Züchtung ist aus drei Arten entstanden: *P. lawrenceanum* × *P. mastersianum* × *P. sukhakulii.*

Dünger für Orchideen mit den Kernnährstoffen N, P und K sollen in der Wachstumszeit im Verhältnis 2:1:1 gegeben werden, am Ende der Vegetationszeit 1:1:1. Für Rinden- und Laub-Holz-Substrate wird mehr Stickstoff benötigt, etwa 4:1:1. Aus den angebotenen Düngern lassen sich solche im richtigen Mischungsverhältnis auswählen.

jedem dritten Gießen oder nach Angaben des Herstellers. Dabei unbedingt die richtige Dosierung beachten. Zusätzliche Spurenelementdünger sollte man zweimal im Jahr, am Anfang und am Ende der Wachstumsperiode, geben (z. B. mit GABI Mikro T oder COMPO Spurennährstoffdünger).
Kalk ($CaCO_3$) als Nährstoff sollte mindestens einmal im Halbjahr gegeben werden, und zwar je 10-cm-Topf 1 Teelöffel, sonst nach Bedarf.
Die Anwendung **organischer Dünger** ist abhängig von einem lebendigen Bodenleben, da die Nährstoffe erst aufbereitet, also verfügbar gemacht werden müssen. Organische Dünger sind daher nur für organische Substrate zu empfehlen.

Um zu vermeiden, dass Orchideen durch Chemikalien aus dem Material oder der Glasur der Übertöpfe (falls aus Keramik) geschädigt werden, müssen diese unbedingt säurefest und wasserdicht sein. Am besten benutzt man Gefäße, die speziell für die Hydrokultur angeboten werden (meist aus Kunststoff). Die Auswahl an Formen, Größen und Designs ist groß.

## Orchideen in Hydrokultur

Es gibt nicht wenige Orchideenfreunde, die ihre Pflanzen teilweise schon seit Jahrzehnten in Hydrokultur pflegen. Hydrokultur oder Kultur in Seramis erleichtern nur das Gießen, alle übrigen Wachstumsfaktoren bleiben unverändert. Schädlingen ist es übrigens auch egal, ob die Pflanzen in Hydroton oder in Seramis stehen!
Grundsätzlich besteht das einfachste Hydrokultur-System immer aus einem Innen- und einem Außen- oder Übertopf. Im Innentopf befinden sich der Blähton und der Wasserstandsanzeiger. Die Pflanze wird in dem Innentopf untergebracht und nicht direkt wie üblich in den Außentopf gesetzt. Der Außentopf enthält den Wasser- und evtl. den Düngervorrat.

### Material und Technik

Der Innentopf besteht aus Kunststoff und ist mit einer Aussparung zur Aufnahme des Wasserstandsanzeigers sowie evt. einer weiteren für die Düngemittelbatterie ausgestattet. Man muss darauf achten, dass der Wasserstandsanzeiger die richtige Größe für den jeweiligen Topf hat, nur so erfolgt die einwandfreie Anzeige. Die Übertopfgröße spielt dann keine Rolle.
Der **Wasserstandsanzeiger** ist das Wesentliche der Hydrokultur. Er besteht aus einem Kunststoffrohr, in dem sich ein (meist roter) Anzeigestab mit darunter liegender Schwimmerkugel bewegt. Der Anzeiger wird außen am Innentopf so befestigt, dass er bis zum Boden in den Wasservorrat eintaucht. Mit zunehmendem Wasserstand steigt der Anzeigestab, und man kann den Wasserstand ablesen. Auf der Anzeige sind drei Einstellungen: Minimum-, Optimum- und eine Maximummarke. So kann man, anders als bei Erdkulturen, genau entscheiden, wann gegossen werden muss. Dabei ist die Anzeige Maximum für Orchideen eigentlich überflüssig.

### Was ist zu beachten?

Orchideen sind besonders für Hydrokultur geeignet. Zum einen auf Grund des Substrats; es ist strukturfest, der Sauerstoffanteil im Blähton ist hoch, wie auch das Wasserhaltevermögen. Zum anderen durch die leichte Kontrolle der Feuch-

Orchideen in Hydrokultur. Bei dieser Sonderform der Orchideenkultur ist die Harmonie zwischen Pflanze und Gefäß wichtig. Selbstverständlich nur lebensmittelechte Keramik oder Kunststoffe verwenden.

Der Wasserstandsanzeiger nützt natürlich nur dann etwas, wenn er auch funktioniert. Es haben sich schon Pflegefehler ergeben, weil der Anzeiger durch Fremdkörper auf einem Niveau blockiert war und somit die Pflanzen ständig zu wenig oder zu viel Wasser bekamen. Dies kann z. B. durch in den Anzeiger hineingewachsene Wurzeln oder auch durch Salze erfolgen, die den Schwimmer festsetzen.

tigkeit durch den Wasserstandsanzeiger. Zur erfolgreichen Pflege in Hydrokultur sind jedoch Abweichungen von der sonst üblichen Norm zu berücksichtigen (siehe rechts).
Wichtig: Orchideen darf man immer nur dann auf Hydrokultur umstellen, wenn die Pflanzen gerade zu wachsen angefangen haben, also wenn sich neue Wurzeln, Blätter oder Triebe zeigen.

## So stellt man Orchideen auf Hydrokultur um:

- Nur saubere Kulturtöpfe verwenden, wenn nötig, vorher desinfizieren (mit Neochinosol, 1 g/1 l Wasser). Unbedingt neuen oder desinfizierten Blähton verwenden (bei 250 °C im Backofen erhitzen).
- Blähton wird in unterschiedlichen Korngrößen gehandelt; für »erwachsene«, normal große Pflanzen 14–16 mm, sonst kleinere Fraktionen nehmen. Den Blähton in sauberem Leitungswasser anfeuchten.
- Orchideen in lauwarmem Wasser von der Erde befreien. Alle beschädigten und faulen Wurzeln entfernen.
- Die Pflanze in einen Kulturtopf setzen, der ungefähr die Größe des alten Gefäßes hat, höchstens 5 cm größer!
- Pflanzhöhe wie im alten Substrat wählen. Den feuchten Blähton vorsichtig einschütten, dabei keine Wurzeln quetschen.
- Pflanzen, wenn nötig, mit einem Stab befestigen; sie dürfen in der Anwachsphase nicht wackeln.

- Zunächst kein Wasser einfüllen, lediglich für drei Wochen staubfein sprühen, wenn nötig mehrmals täglich. Ein Folienbeutel um die Orchidee erhöht die Luftfeuchtigkeit und erleichtert das Anwachsen.
- Nach drei Wochen erstmals Wasser auffüllen und sofort mit der Ernährung beginnen.
- Bei dicken, fleischigen Wurzeln wie von *Cymbidium* oder *Phalaenopsis* kann es trotz größter Sorgfalt schnell zu **Wurzelfäule** kommen. Da jedoch bei Hydrokultur eine Kontrolle der Wurzel leicht möglich ist, kann man dem entgegenwirken. Faulen die Wurzeln, muss die Umsetzprozedur sofort wiederholt werden!

Für Orchideen sollte das Wasser niemals bis Maximum aufgefüllt, sondern höchstens zwischen Minimum und Optimum gehalten werden. Aufgefüllt wird erst, wenn der Wasserstand auf Minimum abgesunken ist! Ausnahme: Abwesenheit in der Wachstumszeit. Dann kann (einmal!) bis Maximum aufgefüllt werden, das reicht meistens für drei Wochen!

Licht und Temperatur, vor allem aber auch die Ruhezeiten müssen für Orchideen in Hydrokultur genauso wie bei der Substratkultur eingehalten werden. Für Kalthausorchideen bedeutet das, dass in der Ruhephase nicht gegossen wird. Langzeitdünger (evt. über Düngerbatterien) sind nur für voll durchwurzelte Pflanzen geeignet, günstiger für Orchideen sind Flüssigdünger oder Orchideen-Spezialdünger.

*Dendrobium* Stardust 'Chiyomi' (eine *Dendrobium nobile*-Hybride) in Seramis-Kultur. Der Wasserstandsanzeiger erleichtert die Pflege, er ersetzt aber nicht den »Grünen Daumen«.

## Orchideen in Seramis und andere Spezialkulturen

Neben der Hydrokultur wurden auch andere Pflegemethoden erprobt, von der Dochtkultur oder dem so genannten Epiflorverfahren (in reinen Styroporchips) bis zur Haltung in verschiedenen geschäumten Kunststoffen. Alle Methoden haben vornehmlich ein Ziel: Sie sollen das Gießen erleichtern und das »Vergießen« verhindern. Bei der Dochtkultur wird normaler Pflanzstoff verwendet, lediglich der Docht (Baumwolle- oder Kunststofffasern) wird durch den Boden des Wassergefäßes in den Pflanzstoff geführt. Durch Kapillarwirkung werden Wasser und Nährstoffe in den Pflanzstoff transportiert. Dazu verwendet man – je nach System – entweder Übertöpfe oder Wannen.

### Seramis als Orchideensubstrat

Bereits seit einiger Zeit ist Seramis auf dem Markt, ein gebrannter, offenporiger Ton. Seine hohe Wasserspeicherkapazität bei günstiger Luftführung macht ihn auch für Orchideen interessant. Die Wasserverteilung erfolgt gleichmäßig über das Sub-

① Für die Kultur in Seramis die Pflanze zunächst vorsichtig aus dem alten Topf lösen. Den alten Pflanzstoff entfernen, wenn notwendig, den Wurzelballen wie in Erdkultur aufschneiden.

② Bleibt nur wenig Pflanzstoff übrig, werden nur die kranken Wurzeln entfernt. Horizontale Luftwurzeln mit in das Gefäß einbringen.

③ Entsprechend dem verkleinerten Ballen wird das neue Gefäß ausgewählt. Der verbleibende Substratanteil entspricht nur noch $1/3$ des Seramis-Anteils.

④ Als Letztes wird der Wasserstandsanzeiger eingeführt. Er muss einwandfrei funktionieren. Auch später immer wieder überprüfen!

strat. Der Hersteller empfiehlt das Umsetzen mit Ballen, wobei das Substrat erhalten bleibt. Das kann für Orchideen jedoch nur gelten, wenn das alte Substrat strukturstabil, die Wurzeln gesund und der Ballen überhaupt zusammen bleibt. Handelsübliche Orchideen werden häufig in sehr »torfhaltigen« Substraten mit wenig Struktur geliefert. Die Wurzeln sind schon beim Kauf geschädigt. Fäulnis sucht sich dann auch den Weg in das neue Seramis-Substrat. Bei Orchideen sollte man dann ähnlich wie auf Seite 33 f. bei Hydrokultur beschrieben verfahren.

- Auch hier sicherheitshalber nur zu Beginn der Wachstumszeit verpflanzen.
- Alle geschädigten Wurzeln entfernen, mit scharfem Werkzeug arbeiten, Schnittstellen nicht quetschen.
- Altes Substrat nicht auswaschen, sondern mit Seramis auffüllen.
- Gefäßgröße für Orchideen kleiner wählen als vom Hersteller als üblich angegeben. Das Verhältnis $1/3$ Substrat, $2/3$ Seramis sollte man aber beibehalten.
- Die Wasserstandsanzeiger sind für Orchideen nur in der Wachstumsphase nützlich. Außerdem sind sie regelmäßig auf Funktionalität zu überwachen.
- Natürlich müssen die artgemäßen Kulturbedingungen, auch die Ruhezeit, eingehalten werden.

Besonders erfolgreich lassen sich *Phalaenopsis* und *Paphiopedilum* in Seramis kultivieren.

## Orchideen selbst vermehren

Auch Orchideen lassen sich vermehren; manchmal helfen Insekten dabei, die Chemie oder die Schere und das Messer.

### Generative Vermehrung

Die Bestäubung der Blüten wird bei den Orchideen überwiegend durch Insekten vorgenommen. Damit ihre Pollen von einer Blüte auf andere Blüten übertragen werden, benutzen Orchideen ungewöhnliche Mittel.

*Ophrys lutea*, die Gelbe Ragwurz, stammt aus dem Mittelmeergebiet; ihre Blüten ähneln täuschend bestimmten Insekten und stellen für deren Männchen eine »Sexfalle« dar. Heute werden Erdorchideen für den Garten schon in Staudengärtnereien angeboten.

Die Strategie der heimischen Orchideengattung Ragwurz *(Ophrys)* ist auch in den Tropen vielfach gebräuchlich: Beim Anlocken von Bestäuberinsekten setzt *Ophrys* auf »Sex«.
Die Blüten sehen, je nach Art, paarungsbereiten Weibchen von Fliegen, Bienen, Wespen usw. sehr ähnlich. Die Täuschung ist so perfekt, dass Insektenmännchen nach der Landung auf dem vermeintlichen Weibchen ohne Umschweife kopulieren. Dabei wird der Pollen gelöst, den sie dann beim nächsten »Liebesspiel« an andere Blüten weitergeben. Mit diesem Trick sichern viele Orchideen ihre Fortpflanzung.
Neben dem äußeren Anschein ist der Duft der Pflanze sehr wichtig. Er gleicht dem Sexuallockstoff von Insektenweibchen. Für die Ragwurzarten konnten Wissenschaftler eine Duftmischung aus 27 verschiedenen Bestandteilen ermitteln. Sobald die Orchideen bestäubt sind, verändert sich das Duftangebot, die Pflanzen stellen keinen Lockstoff mehr her.
Neben diesem Trick kann süßer Nektar oder eine Falle, wie beim Frauenschuh, die Fortpflanzung sichern. Immer wird der Pollen, ausgerüstet mit einer Klebscheibe, durch Berührung auf ein Insekt geklebt oder sogar mit einer Art Schleuderapparat »verschossen«. Beim Besuch der nächsten Blüte der gleichen Art wird er sicher zur Narbe transportiert. Nach erfolgter Befruchtung wächst im Fruchtknoten bzw. in der Samenkapsel der Samen heran.
Die Reifezeit der Samenkapsel dauert bis zu 20 Monate. Orchideensamen ist sehr fein, bis zu 3 Millionen Samen befinden sich in einer Kapsel (z. B. bei *Cattleya)*. Das Durchschnittsgewicht des Samens beträgt nur 0,005 mg. Die reife Frucht überlässt den Samen dem Wind, idealerweise in luftiger, windbewegter Höhe. Damit ist eine weite Verbreitung gesichert.
Doch nicht aus jedem Samen wird wieder eine Orchidee. Erreicht ein Samen einen Platz auf der Rinde eines Baumes, versucht er zunächst, sich zu verankern. Er nimmt Feuchtigkeit auf, manchmal bilden sich spiralige Verlängerungen, die sich in der Rinde wie Drahthaken festmachen.
Bis jetzt, wenn auch in luftiger Höhe, läuft alles ab wie bei anderen Pflanzensamen auch. Das Weiterleben des Orchideensämlings ist aber davon abhängig, dass er auf bestimmte Wurzelpilze trifft und mit ihnen eine

Das Gewürz der Vanille wird aus der Samenkapsel gewonnen. Die reifen Kapseln werden dazu geerntet, getrocknet und fermentiert.

*Vanilla planifolia* liefert die bekannte Vanilleschoten. Ursprünglich in Mittelamerika und den Westindischen Inseln zu Hause, wird sie heute überall in den Tropen in Plantagen angebaut.

Gemeinschaft (Symbiose) bilden kann. Fehlt der Pilz, und das ist sicher bei mehr als 99 % der Sämlinge der Fall, stirbt der Keimling. Der Pilz liefert wichtige Aufbaustoffe, er dringt in bestimmte Wurzelschichten ein, wo er schließlich »verdaut« wird.
Seit man weiß, welche Stoffe der Pilz liefert, bringt man Pilz und Samen im Reagenzglas zusammen. Die Kinderstube der Orchideen, zumindest die der gärtnerisch genutzten, ist heute das Labor. Die Zeit vom Keimling zur erwachsenen Pflanze kann, je nach Gattung und Art, bis zu zehn Jahre dauern (so beim heimischen Frauenschuh, *Cypripedium calceolus)*.

## Vegetative Vermehrung

Wie viele Nutz- und Zierpflanzen werden auch Orchideen vegetativ, also ungeschlechtlich, im Labor vermehrt. Sie waren sogar die ersten kommerziell vermehrten Zierpflanzen bei der so genannten Meristem- oder Zellvermehrung.

### Teilung

Die normale vegetative Vermehrung von Orchideen erfolgt durch Teilung. Allerdings kann man dazu nur in Ausnahmefällen einen Spaten verwenden, doch auch das kann notwendig sein, z. B. bei großen Exemplaren von *Cymbidium*. Bei **sympodial wachsenden Orchideen** ist die Teilung dann besonders einfach, wenn längere Rhizomstücke zwischen den Bulben sind. Die Teilung kann man schon mehrere Wochen zuvor vorbereiten, durch einen Schnitt durch das Rhizom. In die Schnittstelle wird ein Styroporplättchen eingefügt, das das Zusammenwachsen verhindert. Zur Teilung hat man dann schon zwei oder mehr eigenständige Pflanzen. Zwar lassen sich noch einzelne Bulben zur Vermehrung nutzen (die so genannten Rückbulben), doch sie sind wie Jungpflanzen anzusehen. Sie haben ein oder mehrere »ruhende« Augen. Durch Wärme und Feuchtigkeit treiben diese aus.
Ein Gemisch aus Sphagnum, Meranti oder Torf, mit Styropor 1:1, ist das richtige Substrat für die Vermehrung. Bodenwärme (z. B. durch Heizkabel) und hohe Luftfeuchtigkeit beschleunigen den Austrieb. Die Jungpflanzen, auch Gewebevermehrungen und Sämlinge, werden mit mehr Wärme als erwachsene Pflanzen sowie mit mehr Schatten und feinerem Pflanzsubstrat kultiviert.

Jeweils drei ausgewachsene Bulben sollten immer an einer Pflanze verbleiben, erst dann bleibt sie blühfähig.

Kinderstube der Orchideen: Jungpflanzen bei der Meristemvermehrung in einer Aussaatflasche.

### Meristemvermehrung

Waren die schönsten Orchideen früher nur den Reichen vorbehalten, sind sie durch die Meristemvermehrung für alle erschwinglich geworden.
Die vegetative Vermehrung der Orchideen ist besonders wichtig, weil jede Orchidee eigentlich ein Unikat ist. Naturformen unterscheiden sich meist nur geringfügig, bei Züchtungen sind Unterschiede jedoch vielfältig. Die vegetative Vermehrung bringt identische Pflanzen.
Bei der **Gewebevermehrung** werden teilungsfähige Zellen (Meristemzellen, daher auch »Meristemvermehrung«), die den gesamten »Bauplan« einer Pflanze in sich tragen, auf Nährmedien gebracht und zur permanenten Teilung angeregt. Die Behälter, in denen sie wachsen, werden um ihre eigene Achse gedreht oder geschüttelt. Dadurch werden weder Wurzeln noch Blätter gebildet, sondern nur neue Zellen, die wiederum mit allen Erbmerkmalen ausgestattet sind, aber ohne jede Differenzierung. Erst wenn genügend Zellen herangebildet sind, wird die Bewegung beendet. Jetzt wachsen aus den Zellen durch den Einfluss der Schwerkraft nach unten Wurzeln, nach oben Blätter. Alle gewebevermehrten Pflanzen wachsen zu »identischen« Geschwisterpflanzen heran.

Kindel oder »Keiki« bei *Phalaenopsis;* statt der Blüte hat sich eine Pflanze entwickelt. Erst nach der Wurzelbildung wird sie von der Mutterpflanze entfernt.

## Was fehlt meiner Orchidee?

Meistens sind kranke Orchideen die Folge von Pflegefehlern. Schäden sind nicht immer leicht zu erkennen, jedoch sollte jede Veränderung an Blättern, vor allen Dingen aber an den Wurzeln, Anlass zu verstärkter Beobachtung sein. Nur durch regelmäßige Kontrolle kann man Schädlinge bzw. Veränderungen an den Pflanzen bemerken. Je früher Schäden erkannt werden, je erfolgreicher lassen sie sich bekämpfen.
Ehe Wurzelschäden sichtbar werden, gibt es zuvor schon Anzeichen, z. B. Schmieralgen oder Moose an der Substratoberfläche.
Grundsätzlich muss man Schäden durch Pflegefehler und solche, die von Schädlingen hervorgerufen werden, unterscheiden.

- Zu den Pflegefehlern zählen falsches, verdichtetes Substrat, zu hohe oder zu niedrige Temperatur, zu viel oder zu wenig Nährstoffe und Wasser, Folgeschäden durch Pflanzenschutzmittel und Immissionsschäden.

Ziehharmonikawuchs nennt der Gärtner diese Fehlbildung, die bei *Miltonia* und Verwandten auftritt. Ursache: Gießfehler. Die Neubildung der Wurzeln wird unterbrochen.

- Dagegen werden echte Krankheiten durch Bakterien, Pilze oder Viren verursacht, andere Schäden durch Schädlinge hervorgerufen, z. B. Insekten, Schnecken, Milben oder Wirbeltiere.

Es ist schwierig, viele Schäden rechtzeitig zu erkennen, außer vielleicht Frost- und Hitzeschäden. Nährstoffmangel oder -überschuss und die meisten Krankheiten kann nur der Fachmann beurteilen.

## Hilfe bei Pflegefehlern

### Zu viel Wasser

Die Hauptursache für Misserfolge ist zu viel Wasser, wie bereits mehrfach erwähnt. Stellt man eine veralgte, schon schmierige Substratoberfläche mit verschiedenen Moosen (nicht das wachsende Torfmoos, dies ein positives Signal!) fest, so ist das ein Zeichen für **zu viel Wasser.** Angefaulte Wurzeln, Krusten an den Wurzelspitzen deuten ebenfalls auf eine Schädigung durch Wasser und Salze hin. Manuelles Auflockern, vorsichtig mit einem Holzstab, schafft hier Abhilfe und bringt wieder Luft an die Wurzeln.

So genanntes **»Ziehharmonika-Wachstum«** hat hauptsächlich in unregelmäßigen Wassergaben (meist zu viel) seine Ursachen. Im Wachstum befindliche Triebe stocken, wachsen wieder, stocken wieder usw. Durch den Wachstumsschub entstehen die ziehharmonikaartigen Verkrüppelungen im Gewebe. Triebe können dadurch sogar abknicken. **Soforthilfe**: Kein Wasser geben, bis das Substrat wirklich trocken ist! Später verpflanzen, aber erst, wenn Wachstum, also neue Triebe, oder das Herzblatt (bei *Phalaenopsis)* oder Wurzelspitzen sichtbar ist.

Neben neuem Substrat kann die Drainage mit Styropor (Anteil bis zu $^1/_3$ des Gefäßvolumens) verbessert werden. Auch das Substrat selbst kann zusätzlich mit Styropor gestreckt werden.

Sicheres Zeichen für den Beginn der Wachstumszeit ist der Neutrieb, bei *Phalaenopsis* auch Herzblatt genannt.

### Keine Ruhezeit

Ein anderer, ebenfalls häufiger Pflegefehler: Die Ruhezeiten werden nicht beachtet. Letztlich entsteht daraus wieder ein »Wasserschaden«.

Das Wachstum und damit Wasser-, Licht- und Nährstoffbedarf beginnen mit einem neuen Trieb. Zuvor erkennt man schon neue Wurzeln. Meistens, aber leider nicht immer, beginnt es im Frühjahr. Bei Mehrgattungshybriden regt sich aber ca. alle acht Monate neues Wachstum, damit auch in der lichtarmen Zeit.

Nur durch Beobachtung der Pflanze vermeidet man Fehler. Mit Wachstumsbeginn wird gegossen und gedüngt, die Temperatur wird bei allen Arten auf Zimmerwärme, also ca. 20 °C am Tag, erhöht.

Besteht die Möglichkeit, kann in der dunklen Jahreszeit zusätzlich belichtet werden. Geeignet sind allerdings nur so genannte

Neutrieb einer sympodial wachsenden Orchidee *(Cattleya)*. Mit dem Trieb zeigen sich die Wurzeln, jetzt wird umgetopft! Vorsicht, junge Triebe brechen leicht.

Pflanzenleuchten, die ausschließlich im Fachhandel erhältlich sind.
Im Laufe der nächsten Wochen werden die Triebe länger, je nach Orchideenart bilden sich Bulben oder Blätter. Das anfänglich zarte Grün verfärbt sich später dunkler. Die Blattoberfläche wird hart, die Bulben wachsen.

Die Blüten- oder Knospenbildung kann in, vor oder nach der Ruhezeit erfolgen. Die Blüte richtet sich nach dem Lebensrhythmus der Bestäuber. Die Induktion, also das Signal zur Blütenbildung, erfolgt allerdings durch Temperatur, Trockenheit und Licht. Solange eine Orchidee wächst, wird mehr gegossen und gedüngt.

Es ist also durchaus möglich, dass ein und dieselbe Pflanze ihren Bulbus einmal im Frühjahr, im nächsten Jahr jedoch im Winter ausbildet. Entsprechend der Jahreszeit ist der Wasser- und Nährstoffbedarf der Orchidee dann unterschiedlich. Der Zuwachs in der lichtreichen Zeit ist natürlich größer, auch die Zahl der Blüten.
Ist der Bulbus aber einmal fertig, dunkelgrün bis rötlich und möglichst größer als der Vorjahrestrieb, beginnt wieder die Ruhezeit. Jetzt muss man je nach Orchideengattung das Gießen reduzieren oder völlig einstellen, nicht mehr oder zumindest weniger düngen. Nur die Pflanze allein bestimmt das Ende der Ruhephase, neues Wachstum ist der Abschluss.

## Pilzkrankheiten

- *Pythium* und *Phytophora* sind Pilze, die braune und schwarze Flecken verursachen, an *Phalaenopsis* verursachen sie manchmal die so genannte Herzfäule.
- *Rhizoctonia* (Wurzelfäule) findet sich ebenfalls häufig an *Phalaenopsis,* aber auch an *Cattleya* und *Odontoglossum*-Hybriden. Übertragen wird diese Krankheit durch Wasser.

*Botrytis*-Pilze an einer *Phalaenopsis*-Blüte. Hohe Luftfeuchtigkeit und Kälte (auch schon im Verkaufsraum) begünstigen die Entstehung und Ausbreitung.

- *Fusarium* an der Wurzel ist schwer zu erkennen.
- Gut erkennbar dagegen ist *Botrytis,* der Grauschimmel. Besonders an den weichen Blüten lassen sich dann dunkle Flecken ausmachen. Hohe Luftfeuchtigkeit bei niedrigen Temperaturen, besonders im Herbst und Frühjahr, begünstigt diesen Pilz.

## Bakteriosen

Bakterienkrankheiten sind häufig die Folge von Vorschäden durch Pilze und Schädlinge. Sie können bis heute nicht wirkungsvoll bekämpft werden. Vorbeugend wird wie bei Pilzkrankheiten vorgegangen.

## Tierische Schädlinge

Wenn man vielleicht auch nicht sofort erkennt, welche Laus die Pflanze heimsucht – als Laus wird man das Insekt dennoch ansprechen. Schnecken erkennt man an den Fraßstellen, die Tiere sind meistens nachts aktiv. Ob am Tier oder an den Schadsymptomen, tierische Schädlinge lassen sich meist wesentlich leichter und sicherer entdecken und damit auch bekämpfen.

Vorsicht ist immer geboten, wenn Veränderungen, Blattaufhellungen, Fraßstellen, Kräuseln der Blätter und Nekrosen (abgestorbenes Gewebe) an der Pflanze zu erkennen sind. Bis zum Massenbefall durch Insekten kann man durch aufmerksames Beobachten die Entwicklungsstadien zum Vollinsekt, nämlich Eier, Larven und Puppen, erkennen.

Ein meist sicheres Zeichen für Läuse ist das Auftreten von Ameisen, obwohl dies im Zimmer sicher seltener geschieht als im Gewächshaus. In der Natur »bewachen« Ameisen vielfach die Knospen der Orchideen, so bei einigen *Cattleya*. Sie vertreiben Schnecken, ihre Belohnung sind die Zuckerausscheidungen an den Knospen. In Kultur sollte man sie aber vertreiben, da sie Läuse an die Orchideen bringen.

Mäuse schaden meist im Gewächshaus oder Wintergarten, dort fressen sie Knospen und Pollen. Fallen schaffen Abhilfe.

Wie man Milben, Trauermücken, Blatt-, Schmier-, Woll- und Schildläuse, Spinnmilben, Weichhautmilben, Thrips und Weiße Fliege erkennt und bekämpft, finden Sie in der Tabelle auf Seite 42 f.

## Bekämpfungsmethoden

Chemische Bekämpfungsverfahren setzen Stoffe ein, die für Schadorganismen giftig sind. Ihr Gebrauch sollte sich immer genau nach den Anweisungen des Herstellers richten. Wichtig ist der Eigenschutz (Handschuhe, Maske).

- Nur in speziellen Räumen (Keller, Flur Bad) anwenden, abseits vom normalen Aufenthaltsbereich.
- Wenn nötig, die Orchideen im Freien, unter Folie oder in einem selten genutzten Raum mit Pflanzenschutzmitteln behandeln.
- Später für ausreichende Lüftung sorgen.
- Pflanzen nur mit Handschuhen berühren.

Schildläuse an *Phalaenopsis;* so weit muss es nicht kommen. Die Jungtiere lassen sich leichter bekämpfen; daher laufend kontrollieren, vor allem auch die Unterseiten der Blätter.

Wollläuse schützen sich durch wachsartige Ausscheidungen. Sie lassen sich nur schwer mit Chemie beseitigen. Nützlinge versprechen mehr Erfolg.

Schutz für gefährdete Knospen oder Blüten kann ein »Gürtel« aus trockener Watte bieten. Schnecken meiden den Kontakt mit trockenen Flächen. Auch Gesteinsmehl auf dem Topf ist ihnen zuwider.

## Biologische Methoden

Bei biologischen Verfahren werden Präparate als Stärkungsmittel (aus Kräutern) zum Spritzen und Gießen eingesetzt. Die größte Bedeutung hat jedoch der Einsatz von einheimischen und importierten Nutzorganismen, Insekten, Milben und Nematoden, als natürlichen Feinden der Schädlinge. Diese Nützlinge bieten viele Vorteile, vor allem sind sie jedoch sehr spezifisch, wirken also genau gegen die unerwünschten Tiere und haben sonst keine Nebenwirkungen.
Ihre Anwendung im Zimmer, Gewächshaus oder Wintergarten ist einfach und wirkungsvoll. Voraussetzung ist jedoch, dass die Anwendungshinweise der Nützlingszüchter peinlich genau eingehalten werden. So lassen sich nicht nur Läuse und Spinnmilben, sondern inzwischen auch Schild-, Woll- und Schmierläuse sowie Trauermücken sicher vernichten. Die nur bei weichblättrigen Orchideen wie *Calanthe* oder *Lycaste* auftretende Weiße Fliege, auch Mottenschildlaus genannt, ist nun ebenfalls sicher zu beseitigen. Für die Nützlinge kann man im Gartencenter, aber auch in vielen Spezialbetrieben Gut-

**Schadsymptome und Abhilfe**

| Schadbild | Ursache | Gegenmaßnahme |
|---|---|---|
| **Schäden an Blättern** | | |
| Welke Blätter | Wassermangel<br>Zu viel Wasser | Mehr gießen<br>Umtopfen |
| Abfallen der Blätter | Ruhezeit<br>Zu viel Wasser<br>Sauerstoffmangel<br>Schädlingsbefall | Abwarten<br>Weniger gießen<br>Boden auflockern<br>Schädiger ermitteln, bekämpfen |
| Braun- oder Gelbfärbung | Lufttrockenheit | Übersprühen, Luftbefeuchter |
| Eintrocknen der Blätter | Wassermangel<br>Nährstoffüberschuss | Gießen<br>Auswachsen |
| Glasiges Gewebe | Frost<br>Bakterien<br>Treibmittel | Keine Rettung<br>Frischluft, Chinosol<br>Vermeiden, Rückschnitt |
| Gelbbraune Flecken, scharf abgegrenzt oder glasig | Sonnenbrand<br>Viren | Schattieren<br>Pflanzenschutzamt befragen<br>Pflanze vernichten |
| Weiches, helles Gewebe | Lichtmangel<br>Zu viel Wärme | Mehr Licht<br>Temperatur absenken |
| Buntes Laub wird gelb oder grün | Lichtmangel | Mehr Licht |
| Blätter gelbbraun, an den Rändern aufgerollt | Kalimangel (selten) | Kalidünger |
| Blattadern grün, junges Gewebe gelb | Eisenmangel | Eisendünger |
| Weiß, graubrauner Schimmelrasen | Grauschimmel | Frischluft, Wärme, Abstand, Schachtelhalmpräparate, chemische Pilzbekämpfungsmittel |
| Blattoberseite: flaumiger mehliger Belag, selten auf der Blattunterseite | Echter Mehltau | Chemische Mittel, Wärme, Frischluft, Schachtelhalm- und Staudenknöterich-Präparate |
| Veralgung, Moosbildung | Wasserüberschuss | Mechanische Auflockerung des Substrats |
| Braune, schwärzliche Erhöhungen, klein, unbeweglich | Schildläuse | Nützlinge, Raps- und Mineralöle |
| Honigtau: schwarzer, pelziger Belag; bei Berührung auffliegende Insekten | Weiße Fliege<br>Rußtaupilze | Nützlinge, Raps- und Mineralöle, Kaliseife<br>Bekämpfung der Weißen Fliege |

**Schadsymptome und Abhilfe (Fortsetzung)**

| Schadbild | Ursache | Gegenmaßnahme |
|---|---|---|
| **Schäden an Blättern** | | |
| Welke Blätter | Wassermangel<br>Zu viel Wasser | Mehr gießen<br>Umtopfen |
| Abfallen der Blätter | Ruhezeit<br>Zu viel Wasser<br>Sauerstoffmangel<br>Schädlingsbefall | Abwarten<br>Weniger gießen<br>Boden auflockern<br>Schädiger ermitteln, bekämpfen |
| Braun- oder Gelbfärbung | Lufttrockenheit | Übersprühen, Luftbefeuchter |
| Eintrocknen der Blätter | Wassermangel<br>Nährstoffüberschuss | Gießen<br>Auswachsen |
| Glasiges Gewebe | Frost<br>Bakterien<br>Treibmittel | Keine Rettung<br>Frischluft, Chinosol<br>Vermeiden, Rückschnitt |
| Gelbbraune Flecken, scharf abgegrenzt oder glasig | Sonnenbrand<br>Viren | Schattieren<br>Pflanzenschutzamt befragen<br>Pflanze vernichten |
| Weiches, helles Gewebe | Lichtmangel<br>Zu viel Wärme | Mehr Licht<br>Temperatur absenken |
| Buntes Laub wird gelb oder grün | Lichtmangel | Mehr Licht |
| Blätter gelbbraun, an den Rändern aufgerollt | Kalimangel (selten) | Kalidünger |
| Blattadern grün, junges Gewebe gelb | Eisenmangel | Eisendünger |
| Weiß, graubrauner Schimmelrasen | Grauschimmel | Frischluft, Wärme, Abstand, Schachtelhalm-präparate, chemische Pilzbekämpfungsmittel |
| Blattoberseite: flaumiger mehliger Belag, selten auf der Blattunterseite | Echter Mehltau | Chemische Mittel, Wärme, Frischluft, Schachtelhalm- und Staudenknöterich-Präparate |
| Veralgung, Moosbildung | Wasserüberschuss | Mechanische Auflockerung des Substrats |
| Braune, schwärzliche Erhöhungen, klein, unbeweglich | Schildläuse | Nützlinge, Raps- und Mineralöle |
| Honigtau: schwarzer, pelziger Belag; bei Berührung auf- | Weiße Fliege<br>Rußtaupilze | Nützlinge, Raps- und Mineralöle, Kaliseife<br>Bekämpfung der |

Der Australische Marienkäfer *(Cryptolaemus montrouzieri)* zieht gegen Wollläuse zu Felde.

Schlupfwespen *(Encarsia formosa)* eignen sich zur Bekämpfung von Weißer Fliege.

Räuberische Gallmücken *(Aphidoletes aphidimyza)* sind gegen Blattläuse erfolgreich.

Florfliegen *(Chrysoperla carnea)* und ihre Larven fressen Blattläuse und Thripse (Blasenfüße).

Raubmilben *(Phytoseiulus persimilis)* werden gegen Spinnmilben eingesetzt.

Mit Wasser, einem Pinsel und Schmierseife lassen sich Läuse an hartblättrigen Pflanzen wirksam entfernen. Allerdings müssen sie anschließend aufgesammelt und vernichtet werden. Häufig genügt auch schon eine Wasserbehandlung der Orchideen unter der Brause.

(Adressen siehe Seite 92). Allerdings erfordert der Einsatz der Nützlinge mehr »Mitarbeit« und Verantwortung als die chemische Keule! Informationen gibt es im Fachhandel und bei den Pflanzenschutzämtern der Bundesländer. Gegen viele Schädlinge, wie Läuse, Trauermücken, aber auch Spinnmilben, lassen sich auch so genannte **Gelbtafeln** einsetzen. Dabei handelt es sich um mit Leim bestrichene, signalgelbe Kunststofftafeln. Durch ihre Farbe werden Insekten angelockt und kleben beim Kontakt mit der Tafel daran fest.

scheine erwerben, sie werden umgehend geliefert. Die Menge muss der Pflanzenzahl und dem Befallstadium entsprechen. Genaue Beschreibungen liefern die Züchter der Nützlinge

*Odontoglossum* 'Violetta', eine *Odontoglossum bictoniense*-Hybride; hier lassen sich die Vorfahren noch deutlich erkennen. Ihre Blüten sind lange haltbar.

**Diese Nützlinge gibt es im Handel**

| Schädling | Nützling | Einsatzmöglichkeit | Einsatzbedingungen |
|---|---|---|---|
| Spinnmilbe, Rote Spinne | Raubmilbe *(Phytoseiulus persimilis)* | Gewächshaus, Wintergarten, Fensterbank | Temperatur über 16 °C, Luftfeuchte 60–80 % |
| Weiße Fliege | Schlupfwespe *(Encarsia formosa)* | Gewächshaus, Wintergarten, Fensterbank, Balkon | hell, Temperatur über 16 °C |
| Blattläuse | Gallmücke *(Aphidoletes aphidimyza)* | Gewächshaus, Wintergarten | Tageslänge über 12 Stunden, über 15 °C |
| | Schlupfwespe *(Aphidius matricariae)* | Gewächshaus, Wintergarten | über 15 °C; nur von November bis Juni möglich |
| Blattläuse und andere Schädlinge | Florfliege *(Chrysoperla carnea)* | Gewächshaus, Wintergarten, Balkon, Fensterbank | über 15 °C |
| Thripse (Blasenfüße) | Raubmilben *(Amblyseius cucumeris* und *A. barkeri)* | Gewächshaus, Wintergarten | hohe Luftfeuchtigkeit, warm (Temperatur über 16 °C) |
| Wollläuse, Schmierläuse | Australischer Marienkäfer *(Cryptolaemus montrouzieri)* | Gewächshaus, Wintergarten, Blumenfenster | über 20 °C, hohe Luftfeuchtigkeit |
| Trauermückenlarven | räuberische Nematoden *(Steinernema feltiae)* | Fensterbank, Balkon, Gewächshaus, Wintergarten, Terrasse | Bodentemperatur über 12 °C |

## Mit sanften Methoden vorbeugen

Die Behandlung schon geschädigter Orchideen ist nicht oder nur begrenzt möglich. Mit vorbeugender Anwendung von Pflanzenbrühen lassen sich jedoch viele Schäden vermeiden. Den etwas strengen Geruch der Pflanzenbrühen kann man mit Steinmehl und Baldrianextrakt reduzieren.

### Rezepte für bewährte Pflanzenbrühen

Brennnessel-/Comfrey-Jauche

- Zur Stärkung der pflanzeneigenen Widerstandskraft.
- 1 kg frische oder 200 g getrocknete Kräuter (Brennnessel blühend ernten) in 10 l Wasser 1–2 Wochen gären lassen. 1 l Jauche in 10 l Wasser. Alle 14 Tage spritzen. Besonders Comfrey (Beinwell) hat sich bewährt.

Ackerschachtelhalm-Brühe

- Zur Festigung des Pflanzengewebes
- vorbeugend gegen Pilzbefall.
- 1 kg frisches oder 200 g getrocknetes Kraut für 24 Std. in 10 l kaltes Wasser. 2 l davon in 10 l Wasser, damit gießen oder spritzen. Fertigpräparate bietet der Handel (Neudorff, Oscorna).

Rainfarn-Brühe

- Zur Vertreibung von Milben und Insekten
- 500 g frisches oder 30 g getrocknetes Kraut über 24 Std. in 10 l Wasser geben, dann mit 20 l Wasser verdünnen und spritzen.

Zwiebel- und Knoblauchtee

- Zur Pflanzenstärkung gegen Pilzkrankheiten
- 80 g gehackte Zwiebeln/Knoblauchzehen mit kochendem Wasser übergießen, 3 Std. ziehen lassen, durchseihen, mit 10 l Wasser verdünnen. Alle 10–14 Tage sprühen.

### auf einen blick

**Warum blühen meine Orchideen nicht?**

- Zu viel oder zu wenig Wärme.
- Die Ruhezeit nicht beachtet.
- Geschwächte Pflanzen durch Pflegefehler, auch durch Schädlinge, Milben oder Thrips.

**Wie viel Licht benötigen Orchideen?**

- So viel wie möglich, ohne Verbrennungen zu erleiden.
- Manchmal muss man einige Wochen im Jahr schattieren.
- Andererseits kann Zusatzlicht erforderlich sein.

**Wie oft muss ich gießen?**

- Abhängig vom Wachstumszustand.
- Immer nur, wenn die Pflanzen wirklich gut abgetrocknet sind.
- Vorbeugend kann man nicht gießen!

**Wie oft und womit soll man düngen?**

- So viele verschiedene Orchideen es gibt, so viele Dünger müsste es geben; meist genügt jedoch ein fertiger Orchideendünger aus dem Handel.
- Wichtig ist das Nährstoffverhältnis, es sollte etwa 1:1:1 N:P:K sein, am Anfang der Vegetation und bei Rindensubstraten etwas mehr N.
- Ob organische oder mineralische Dünger, ist fast unbedeutend. Organische Dünger wirken langsamer; nur bei gesunden Wurzeln geben.
- Gedüngt wird bei jeder dritten Gießgabe.

**Gibt es bei Orchideen viele Krankheiten?**

- Nicht mehr oder weniger wie bei allen anderen Zimmerpflanzen auch.
- Typische Orchideenkrankheiten gibt es in der Hobbykultur eigentlich nicht.

NYA SHORT • Tropical Vase

# Orchideen im Haus

Zumindest die heutigen Formen und Züchtungen machen Orchideen zu typischen Zimmerpflanzen. Eine Vitrine, ein Gewächshaus oder ein Wintergarten bieten jedoch noch mehr Möglichkeiten für die Haltung.

## Orchideen auf der Fensterbank

Orchideen zählen mit Sicherheit zu den dankbarsten Zimmerpflanzen, die Blütezeit einer *Phalaenopsis* lässt sich wohl kaum übertreffen. Ihre Pflege ist eher weniger aufwändig als bei den meisten anderen Pflanzen.

### Orchideen sind typische Zimmerpflanzen

Grundsätzlich werden dort, wo tropische Zimmerpflanzen wachsen und blühen, auch Orchideen nicht versagen. Blüht das Usambaraveilchen, der Hibiskus oder der Weihnachtskaktus, blühen auch *Phalaenopsis, Cattleya* und × *Vuylstekeara* Cambria. Die Fensterschale zur Verbesserung der Luftfeuchtigkeit (siehe Seite 28), Luftbefeuchter, Verdampfer oder häufiges Übersprühen sind Hilfsmittel für »tropische Verhältnisse« im Zimmer. Ein Defizit im Lichtangebot, zum Beispiel am Nordfenster, kann durch Pflanzenleuchten ausgeglichen werden. Besteht die Auswahl für den Standort, ist Südlage zu bevorzugen, obwohl dort ab April schattiert werden muss. Häufig genügt die Gardine oder Jalousie.

◀ *Cymbidium Miniatur*-Hybriden, mit kleineren, dafür aber umso zahlreicheren Blüten. Die »Minis« – dieser Begriff hat nur etwas mit der Herkunft, nicht mit der Größe zu tun – vertragen mehr Wärme als die großblumigen Sorten.

Schwieriger ist die richtige Pflanzenauswahl. Sie hängt mehr von der Nutzung der Räume ab. Ein Wohnzimmer lässt keine Ruheperiode bei 10 °C zu, das Schlafzimmer wird selten auf 20 °C beheizt. Wer dagegen eine bestimmte Pflanzengattung bevorzugt, vielleicht *Phalaenopsis,* aber nur temperierte Räumlichkeiten hat, kann durch elektrische Heizplatten oder -matten die »Wurzelraum-Temperatur« erhöhen. So vertragen auch Warmhauspflanzen kühlere Räume.

Für Orchideen aus temperierten Zonen ist ein Sommeraufenthalt auf dem Balkon oder im Garten

Orchideen in einem Blumenfenster. Leider werden heute kaum noch spezielle Blumenfenster eingerichtet, wie dies schon im 19. Jahrhundert üblich war. Wo doch heute alle technischen Möglichkeiten für den optimalen Erfolg zur Verfügung stünden …

*Coelogyne cristata,* die Zimmerorchidee unserer Großeltern. Sie benötigt im Winter einen frostfreien Raum, im Sommer den Aufenthalt im Freien.

Eine typische Pflanzengemeinschaft mit Bromelien, Farnen und Orchideen am natürlichen Standort in Südamerika. Sie kann Vorbild für einen Epiphytenstamm im Wohnzimmer sein.

sehr zu empfehlen. Wichtig sind ein halbschattiger Standort, evtl. Schutz gegen Dauerregen und Kontrolle auf Schädlinge, besonders Schnecken.
Ruhezeiten müssen auch im Zimmer eingehalten werden, indem man entweder die Pflanze trockener hält oder zeitweise in kühlere Räume stellt. Selbst Epiphytenstämme, Ampeln oder Körbe lassen sich am Fenster halten, sie sind dazu noch sehr dekorativ. Man muss also die zur Zimmernutzung passenden Pflanzen wählen die Auswahl ist ja groß genug.

- **Warmhausorchideen** für das Wohnzimmer
- **Temperiert wachsende Orchideen** für das Schlafzimmer
- **Kalthausorchideen** für ungeheizte, aber frostfreie Räume.

## Pflanzengemeinschaft am Epiphytenstamm

Der Epiphytenstamm ist die natürlichste Art, Orchideen zu kultivieren. Im Zimmer ist er zwar recht aufwändig, aber möglich. Vorbild ist die Gemeinschaft vom Orchideenstandort. Bromelien, Farne, *Philodendron*, der Zwerggummibaum *Ficus repens* oder Peperomien gehören dazu. Dass nur epiphytisch wachsende Orchideen in Frage kommen, versteht sich von selbst.
Man verwendet nur gesunde Äste, Stämme oder, je nach Platz, kleine Bäume von Eiche, Wacholder, Robinie oder Thuje. Dekorativ sind auch knorrige Weinreben, die man bei Bedarf miteinander zu einem »Baum« verbindet. Der Stamm muss mindestens acht Jahre halten. Ein dauerhafter Epiphytenbaum lässt sich aus Kunststoffrohren herstellen, die man mit Korkeichenrinde verkleidet.
Vor dem Einsatz wird das Material gründlich gereinigt. Hochdruckreiniger oder eine Drahtbürste, dazu heißes Wasser vertreiben Schädlinge aus der Rinde. Auf jeden Fall muss der Stamm einen schweren »Fuß« bekommen, z. B. aus Beton, denn bepflanzt hat er ein hohes Gewicht. Außerdem sollte er mit Ketten oder Draht an der Decke oder im Fenster zusätzlich befestigt sein. Am Fuß sollte ein Behälter oder Gefäß zur Aufnahme der rasch wachsenden Begleitpflanzen stehen.
Zuerst werden die Begleitpflanzen gesetzt. Als Grundbepflan-

Die Befestigung des Epiphytenstammes an der Unterlage ist besonders wichtig, sie darf weder zu fest noch zu locker vorgenommen werden.

Epiphytenstamm fürs Wohnzimmer. Eine Schale mit Blähton dient zur Erhöhung der Luftfeuchte. Auf sicheren Halt achten, evtl. den Stamm zusätzlich an der Wand befestigen.

zung hat sich der Zwerg-Gummibaum *(Ficus pumila)* bewährt, er rankt schnell den Stamm herauf. Aber auch andere Grünpflanzen sind je nach Geschmack und Licht geeignet. Trichterbromelien werden so an die Äste gebunden, dass das Wasser nicht aus dem Trichter fließen kann. Erst wenn die Begleitpflanzen angewachsen sind, kommen die Orchideen an den Stamm.
Im Zimmer muss viel gesprüht werden, jedoch verdunsten auch die Begleitpflanzen Wasser und erhöhen dadurch die Luftfeuchtigkeit.

## Die Orchideenvitrine

Seit Orchideen aus Südamerika nach England in der »Wardschen Kiste« transportiert wurden, versucht man, kleine, abgeschlossene Biotope für empfindliche Pflanzen zu bauen. Erst heute ist es jedoch möglich, solche Träume langfristig zu verwirklichen. Die früheren Schwierigkeiten – Überhitzung, Luftmangel, Staunässe, Lichtmangel und Luftfeuchtigkeitsmangel oder -überschuss – lassen sich mittlerweile technisch lösen. Vieles kann man sich aus dem Aquarienbau abschauen.

Zum Aufbinden immer wenig Pflanzstoff verwenden, eventuell etwas *Sphagnum,* und fest anbinden (mit Kunststoffbast, Kupferdraht oder Nylonstrümpfen). Dabei aber keine Wurzeln beschädigen! Der trockene Pflanzstoff schrumpft, daher nach einer Woche nachbinden!

Vitrine mit Epiphytenstamm. In einem solchen »Glaskasten« lässt sich die Luftfeuchtigkeit gut halten, Pflanzengemeinschaft errichten. Zusatzlicht ist empfehlenswert.

Es gibt auf dem Markt nur wenige fertige Lösungen, sie sind immer teuer. Meist bleibt der Selbstbau oder die Zusammenarbeit mit einem Hersteller – aus dem Zoofachhandel – vor Ort. Vorbild ist das Terrarium (siehe Seite 50).
Wichtig sind folgende Punkte:

- Die Belüftung oben und unten in der Vitrine.
- Große Öffnungen für die notwendigen Pflegemaßnahmen.
- Luftbewegung durch kleine Ventilatoren.
- Die Beleuchtung besser außerhalb der Vitrine platzieren, um Überhitzung zu vermeiden.

Ob die Vitrine aus Holz, Stahl, Aluminium oder Ganzglas besteht, ist eine Geschmacks- und Geldfrage. Die Rückwand, häufig mit Korkeichenrinde modelliert, kann massiv ausgeführt sein; dort lassen sich die Pflanzen montieren. Je nach Umgebung der Vitrine muss eine Heizung eingebaut werden. Heizmatten oder -kabel müssen thermostatisch regelbar sein. Bei allen elektrischen Geräten ist auf die Sicherheit zu achten, denn Vitrinen sind Feuchträume. Wird ein Epiphytenstamm eingesetzt, muss man diesen gut befestigen.
Das Pflanzsubstrat am Boden der Vitrine sollte man besonders strukturstabil wählen. Hier hat sich eine Mischung aus Blumenerde, Blähton oder Seramis bewährt.

Die Auswahl an Orchideen für eine Vitrine wird durch die Raumtemperatur der Umgebung bestimmt, Zusatzheizung ist möglich, Temperaturabsenkung dagegen kaum!

## Orchideen im Terrarium

Natürlich ist auch das Terrarium eine Vitrine, zusätzlich ist die Pflanzenauswahl aber eingeschränkt. Die klimatischen Bedingungen richten sich nach den zu pflegenden Tieren. Deshalb sind Orchideen durch ihre nicht nur sprichwörtliche Härte in Blatt, Bulbe und Wurzel ideale Pflanzen für Terrarien. Allerdings muss die richtige **Pflanzengemeinschaft** erst gefunden werden. Welche Tiere werden gehalten? Wie ernähren sie sich? Wie groß und wie schwer sind sie?
Die technische Einrichtung ist wie bei den Vitrinen beschrieben vorzunehmen. Nach dem Grundaufbau werden zuerst die **Begleitpflanzen** eingesetzt. Dazu zählen der Zwerg-Gummibaum *(Ficus pumila)*, von dem es eine besonders kleine Varietät 'Minima' gibt, außerdem *Episcia, Fittonia, Spathiphyllum, Acorus* und viele grüne Bromelien. Graue Tillandsien sind nur für kühlere, besonders helle Terrarien geeignet. Farne am Boden, aber auch epiphytische *Selaginella* und *Peperomia* lassen sich leicht pflegen.
Frisch erworbene Exemplare zuerst in Quarantäne beobachten. Asseln und Schnecken, die mit Moos oder Erde eingeschleppt werden, bei Dunkelheit mit Hilfe einer Taschenlampe aufspüren. Futtertiere sind Pflanzenfresser, sie sollten nur in der notwendigen Menge eingebracht werden, damit sie nicht lange überleben, also keinen Schaden anrichten. Die Pflege ist nicht aufwändig, allerdings können Schädlinge ein Problem werden. Giftverwendung ist nicht möglich, Nützlinge sind nur beschränkt einsatzfähig, könnten sie doch für einige Tiere des Terrariums als Zusatznahrung gelten. Vorbeugend muss man darauf achten, dass nur völlig schädlingsfreie Pflanzen eingesetzt werden.

## Das Paludarium

Die Verbindung von Pflanze und Tier, von Wasser und Land gelingt im Paludarium. Die Größe einer solchen Anlage richtet sich nach der Nutzung. Nicht unerheblich sind die Gewichtsprobleme, die durch den Aquariumteil auftreten. Allgemein rechnet man mit einem Drittel Wasserteil und zwei Dritteln Landteil. Die Höhe mit Unterbau wird durch die Zimmerhöhe beschränkt. Im Unterbau wird die aufwändige Technik untergebracht, wie Filter, Vorschaltgeräte, usw.

In einem Paludarium ist das Problem der Luftfeuchtigkeit natürlich optimal gelöst. Der Lichtanspruch wird je nach Entfernung zur Pflanzenleuchte geregelt.

Erst wenn die Grünpflanzen im Terrarium fest eingewachsen sind, folgen die Orchideen, und zuletzt die Tiere. Die richtigen Orchideen wählt man nach Temperaturgruppe und Größe aus. Es kommen nur Gattungen und Arten ohne strenge Ruhezeit in Frage.

Durch die hohe Luftfeuchtigkeit aus dem Wasserteil ist die Pflege feuchttropischer und subtropischer Pflanzen möglich. Tag- und Nachtlänge werden durch entsprechende Steuerung fast konstant bei zwölf Stunden gehalten, die Temperatur liegt im Mittel bei 24 °C. Neben der Haltung von Wasserpflanzen kann auch ein Sumpfteil gestaltet werden, der in den Landteil und letztlich zu den Epiphyten übergeht. Im oberen Bereich des Paludariums, besonders in

der Nähe der Lichtquelle, lassen sich dann auch Pflanzen pflegen, die trockenere Bedingungen benötigen.
Auch hier muss erst die Bepflanzung geschaffen werden, dann folgen die Tiere im und außerhalb des Wassers. Dabei muss man den Tierbesatz im Landteil sorgfältig auswählen, denn Pflanzenfresser – dazu gehören auch die beliebten tropischen Wasserschildkröten – kommen nicht in Frage.
Das Ziel, ein in sich geschlossenes System zu schaffen, den Kreislauf von Wasser, den darin gelösten Nährstoffen, von Wärme, Luft und Licht zu gewährleisten, ist nicht leicht. Sichere Rezepte gibt es nicht, die genaue Beobachtung der Tiere und Pflanzen sowie behutsame regulierende Eingriffe sind unumgänglich. Geduld ist hierbei die wichtigste Eigenschaft des Pflegers.

Platten, Wannen und Filzauflagen, wie sie im Erwerbsgartenbau üblich sind, haben sich für Hobbygärtner nicht bewährt. Orchideen mit »nassen Füßen« sind gegen Pilzkrankheiten anfällig.

## Orchideen im Gewächshaus

Für die meisten Orchideenfreunde bleibt das Gewächshaus leider ein Traum, ob aus Kosten-, Zeit- oder einfach nur aus Platzgründen. Für andere, die schließlich Gewächshausbesitzer werden, wird es häufig zum Alptraum. Mancher, der jahrelang erfolgreich Orchideen am Fenster gepflegt hat, versagt nun im Gewächshaus. Kleingewächshäuser können optimale Bedingungen für Orchideen bieten, aber auch für Schädlinge und Pflegefehler.
Nicht jedes Kleingewächshaus aus dem Baumarkt lässt sich für Orchideen gebrauchen, jedes Gewächshaus kann für sie aber als »Sommerhotel« verwendet werden. Orchideen-Gewächshäuser müssen gut isoliert sein (Doppelstegplatten ab 16 mm oder Isolierglas) und ein festes, frostfreies Fundament haben.
Weitere Erfahrungswerte aus der Praxis:

- Der Standort sollte windgeschützt und das Gewächshaus in Ost-West-Richtung ausgerichtet sein.
- Ob es aus Aluminium, Stahl oder Holz gebaut ist, spielt keine Rolle, allerdings lassen sich in den Aluminiumsprossen, die aus statischen Gründen Schlitzöffnungen haben, Hängepflanzen, Gitter usw. befestigen.
- Mindestens 20 % der Gesamt-Glasaußenfläche muss als Lüftung vorgesehen sein (Türen und Fenster).
- Schattierungsmöglichkeiten, ob außen oder innen, müssen für Orchideen immer vorhanden sein. Bewegliche Schattierungen sind optimal, aber aufwändig zu installieren.
- Die Heizung sollte keine hohe Oberflächenwärme abgeben (Lufttrockenheit!), Warmwasserrohrheizungen sind am vorteilhaftesten.
- Elektrische Gebläseheizungen als Langsamläufer betreiben.

Vorteilhaft ist eine »lebende«, mitwachsende Schattierung. Sie verbessert zusätzlich die Luftfeuchtigkeit. Geeignete Pflanzen sind gewächshausgeeignete Weinsorten (z. B. 'Roter Boskoop'), Passionsblumen *(Passiflora edulis, P. caerulea* oder *P. quadrangularis)*, die Pfeifenwinde *(Aristolochia grandiflora* oder *A. littoralis)*, der Zwerg-Gummibaum *(Ficus pumila)* und mancher *Philodendron*. Einige behalten allerdings ihr Laub auch im Winter; das führt zu Lichtmangel, ein kräftiger Rückschnitt ist dann jährlich nötig.

Der Gewächshausboden sollte nicht durch Beton versiegelt werden, lediglich die Wege werden befestigt. Zur optimalen Pflege stehen die Töpfe auf Tischen mit einer Gitterauflage aus Holz (natürlich ohne Holzschutzmittel!) oder Metall. Etagen- und Hängetische bieten weitere Möglichkeiten. Die Tische sollten nicht tiefer als 90 cm sein, sonst kann man nicht alle Pflanzen richtig beobachten.

Ein Wintergarten bietet für viele Orchideen ideale Bedingungen, da sich dort die nötige höhere Luftfeuchtigkeit leichter erreichen lässt als im Zimmer.

## Pflanzenauswahl und Pflanzenschutz

Bei der hohen Luftfeuchtigkeit im Gewächshaus lassen sich Orchideen auch auf Korkeichen-, Weinreben- oder Hartholzästen aufbinden. Kunstbast oder Nylonstrümpfe eignen sich auch hier als Bindematerial. Bewährt haben sich Tonröhren, die mit Wasser gefüllt werden und über die Tonwand das Wasser verdunsten. Solche Röhren erhält man nur beim Orchideengärtner. Durch die Sonneneinwirkung steigt die Temperatur im Gewächshaus viel schneller an als in der Wohnung oder im Freien. Nur hohe Luftfeuchtigkeit schützt die Pflanzen vor Überhitzung. Wer Orchideen in ein neues Gewächshaus bringt, muss daran denken, dass erst die Gemeinschaft mit anderen Pflanzen optimale Pflege ermöglicht. Das Haus darf also nicht halbleer sein. Wenige Orchideen ergänzt man durch Blattpflanzen (auch einjährige) oder sogar mit Gemüse. Die Transpiration aller Pflanzen sorgt für die notwendige Luftfeuchtigkeit, die der Gemeinschaft zugute kommt.

Für Orchideen sind auch die früher gebräuchlichen **Erdhäuser** vorteilhaft. Zwar ist der Lichteinfall nicht sonderlich hoch, Luftfeuchtigkeit- und Temperaturführung sind jedoch besser. Zusätzlich spart man Heizkosten.

Selbstverständlich gilt auch für Gewächshäuser die Einteilung in kalt, temperiert und warm. Die Pflanzenauswahl richtet sich nach den Temperaturgegebenheiten (siehe Tabelle Seite 17). Feinde der Orchideen im Gewächshaus sind neben Woll-, Schmier- und Schildläusen vor allem Schnecken. Im Winter können sogar Mäuse auf Pollenjagd gehen. Pilzliche und bakterielle Erkrankungen werden durch zu viel oder zu wenig Wärme gefördert. Gegenmittel: die richtige Temperatur, genügend Luftbewegung und Frischluft!

## Orchideen im Wintergarten

Genau genommen sind Wintergärten nur besser isolierte Gewächshäuser. Die Kulturvoraussetzungen sind also ähnlich wie dort, aber eben nur ähnlich!

Orchideen im Gewächshaus. Ein Ventilator sorgt für Luftbewegung, Zusatzlicht mit einer speziellen Gewächshausleuchte für Jung- und knospige Pflanzen.

Zwei Wintergarten-Typen kann man unterscheiden. Einmal den klassischen Wintergarten, als Aufenthaltsort für mediterrane Kübelpflanzen, Palmen und kühl zu haltende Orchideen. Häufiger ist heute der Wintergarten als »verglaster Wohnraum«, also als zusätzlicher Raum mit besseren Lichtbedingungen und den gleichen Temperaturen.
Bei der Auswahl der Orchideen kommen daher nur solche aus dem warmen Bereich in Frage, z. B. *Phalaenopsis,* einige *Paphiopedilum*-Arten, auch manche *Dendrobium.* Voraussetzung für die erfolgreiche Pflege sind allerdings Maßnahmen wie sonst im Wohnzimmer üblich (siehe Seite 47 f.).
Eine **Schattierung** für Orchideen muss in allen Wintergärten vorhanden sein, wenn sie nicht gerade an der Nordseite angebracht sind.
Um die für Warmhausorchideen notwendige Luftfeuchtigkeit zu bekommen, kann man Pflanzeninseln schaffen. Die Gemeinschaft weichlaubiger Pflanzen mit viel Blattmasse erhöht die Verdunstung. Es kann auch ein Epiphytenstamm mit Bromelien und ihren Wassertrichtern sein, daneben Kletterpflanzen wie *Philodendron* oder *Allamanda* sowie Ampelpflanzen wie

*Columnea, Platycerium* oder Blattkakteen. Auch technische Hilfsmittel können helfen, etwa ein Zimmerspringbrunnen, ein kleiner, künstlicher Wasserfall oder Pflanzwannen mit Blähton.

## Orchideen mögen keine Klimageräte

Wintergärten mit Klimaanlagen, Belüftungen über Ventilatoren und Kaminlüftungen sind vielleicht für den Aufenthalt der Menschen konzipiert. Pflanzen, auch Orchideen, fühlen sich dauerhaft darin nicht wohl. Zugluft ist für sie tödlich. Leider fehlt häufig die ausreichende Lüftung im Dachbereich, die, wenn auch nur kurzzeitig, sogar im Winter geöffnet werden muss. Der kühle Wintergarten für mediterrane Kübelpflanzen, in dem wir uns nur im Sommer oder in der warmen Wintersonne aufhalten, ist besser zur Pflege temperiert wachsender Orchideen geeignet. Sie können mit den Kübelpflanzen zur Sommerzeit in den Garten wechseln. Meist ist die Luftfeuchtigkeit durch die Vielzahl der Pflanzen und die niedrige Temperatur hoch genug. Im Gegenteil, in der Ruhezeit würde zu hohe Luftfeuchtigkeit nur schaden.

Je nach dem Temperaturbereich des Wintergartens lassen sich hier neben Zitruspflanzen *Cymbidium, Rossioglossum,* × *Odontioda,* einige *Laelia*-Arten sowie Fuchsien oder Chrysanthemen pflegen. Wie immer kommt es auf die richtige Auswahl an. Geschätzt sind hier Orchideen, die im Winter blühen – zum Beispiel frühblühende *Cymbidium,* die berühmte *Coelogyne cristata, Laelia autumnalis* und andere.
Mit der Erwärmung im Frühjahr regen sich schon vor der eigentlichen Gartensaison Läuse im Wintergarten, sie schätzen die jungen Triebe. Ameisen unterstützen sie dabei, sie sorgen für die rasche Verbreitung. Blüten und Knospen der winterblühenden Orchideenarten sind geschätzte Opfer. Rechtzeitiges Erkennen und der Einsatz von Gelbtafeln, Nützlingen und biologischen Präparaten helfen.
Im Winter sollen knospige Pflanzen nicht den Standort wechseln. Man lässt sie einfach dort, wo sie ihre Knospen bilden. Erst wenn sie voll erblüht sind, kann ein Wechsel erfolgen (z. B. bei Kamelien oder *Cymbidium*). Die Winterknospen können mit Watte gegen Schnecken geschützt werden (siehe Seite 41).

Bei niedriger Luftfeuchtigkeit muss verstärkt auf Spinnmilben geachtet werden, wobei der Wintergarten sich jedoch ideal für den Einsatz der Nützlinge eignet. Die gegen Spinnmilben einsetzbaren Raubmilben haben sich hier bestens bewährt.

### auf einen blick

- Im Zimmer mit Fensterschalen die Luftfeuchtigkeit erhöhen und die Orchideen möglichst in Gemeinschaft mit anderen Pflanzen halten.
- Epiphytenstämme benötigen immer einen festen Halt. Die Pflanzen nicht zu fest anbinden!
- Vitrinen ausreichend belüften, zusätzlich Ventilatoren verwenden.
- Im Terrarium und Paludarium zunächst die Pflanzen eingewöhnen und erst dann die Tiere einsetzen.
- Gewächshäuser für Orchideen in Ost-West-Richtung aufstellen und Schattiermöglicheiten vorsehen.
- Wintergärten ausreichend belüften, zur Pflanzenpflege aber keine Zwangsbelüftung einsetzen.
- Die Auswahl der Orchideen richtet sich immer nach der Temperatur im Kulturraum.

# Die schönsten Orchideen

Man kann sie hier natürlich gar nicht alle aufzählen. Erstens ist dies Geschmacksache, und zweitens wären es zu viele. Somit muss eine Auswahl genügen, sozusagen als Anregung zum Pflanzensammeln.

## Orchideen und Züchtung

Die Förderung bestimmter Eigenschaften kann für Lebewesen »überlebenswichtig« sein. Jedoch benötigen echte Veränderungen meistens viele Generationen. Abweichungen, die spontan entstehen, etwa durch Veränderung der Chromosomen, nennt man Mutationen. Diese Gene zu beeinflussen, bestimmte Eigenschaften einer Pflanze zu fördern, wie Haltbarkeit und Größe der Blüten, ist das Ziel der Züchtung.
Durch die Anpassung an bestimmte Bestäuberinsekten wird bei Orchideen die Vermehrung innerhalb der Art gesichert. Übernimmt jedoch der Mensch die Aufgabe, den Pollen zu übertragen, kann er nicht nur geographische, sondern auch bestäubungstechnische Grenzen überschreiten. Dadurch entstehen völlig neue, in der Natur eigentlich nicht vorhandene Hybriden.
Nach einer Bestäubung wachsen aus den Pollenkörnern die Pollenschläuche durch die Säule in den Fruchtknoten, wo es zur eigentlichen Verschmelzung der männlichen und weiblichen Zellkerne kommt. Dabei leisten sich Orchideen den Luxus, für jeden weiblichen Zellkern im Fruchtknoten einen eigenen Pollenschlauch auszubilden. Dadurch variieren die Eigenschaften der Nachkommen – in Grenzen – untereinander.
Dies ist ein zusätzlicher Reiz der Orchideen gegenüber anderen Zimmerpflanzen. Man kann bei den Orchideen innerhalb einer Art (das ist der Normalfall), innerhalb einer Gattung, also im Verwandtschaftskreis, und darüber hinaus auch mit anderen Gattungen kreuzen.

◀ × *Doritaenopsis*-Hybride. Aus den Gattungen *Dorits* und *Phalaenopsis* entstand diese neue Gattung, noch haltbarer und farbintensiver als die Eltern. × *Doritaenopsis* vertragen mehr Licht und begnügen sich mit weniger Wärme.

## Züchtungserfolg Orchideenhybriden

Die Zuchtarbeit bei den Orchideen begann 1856 in England; die Zahl der Kreuzungen ist bis heute auf über 60 000 angewachsen, wobei nur die registrierten Kreuzungen berücksichtigt sind. Alle Orchideen müssen nämlich zur Anerkennung der Zucht in England gemeldet werden (siehe Seite 8 und 59). Wie man Züchtungen schon am Namen erkennen kann, soll beispielhaft in der »Ahnenreihe« der bekannten »Cambria« gezeigt werden, die richtig × *Vuylstekeara* Cambria heißt. Hier mag man erkennen, wie kompliziert schon 1931 die Zusammenhänge um eine multigenerische, also eine Mehrgattungshybride waren. Heute sind manche Ahnenreihen kaum noch überschaubar.
Für die Pflege kann solches Wissen nur nützlich sein, wenn die Zahl der beteiligten Gattungen nicht zu umfangreich ist oder wenn alle aus einer Region stammen, wie im gewählten Beispiel. Die Mehrzahl der Elternarten wächst in kühlen Ge-

Für den Hobbybereich kann man fertige Laborausstattungen erwerben und Aussaaten in der Küche durchführen – die Chance zur eigenen Orchideenkreuzung.

× *Vuylstekeara* Cambria 'Plush' (FCC R.H.S.), 1931 in England entstanden. Eine Kreuzung aus den Gattungen *Miltoniopsis, Cochlioda* und *Odontoglossum*. Heute wird »Cambria« oft als Sammelbezeichnung für eine ganze Gruppe von Orchideen verwendet.

*Cochlioda noezliana*, ein Vorfahre der Cambria, stammt aus Peru. Die leuchtend roten Blüten haben sich erhalten.

genden, und so fühlt sich auch die × *Vuylstekeara* Cambria dort wohl. Sie entstand aus den Gattungen *Cochlioda, Miltonia* (jetzt *Miltoniopsis*) und *Odontoglossum*. Der neue, »künstliche« Name × *Vuylstekeara* wurde nach dem belgischen Züchter Charles Vuylsteke gewählt, die Endung -ara und das × geben den Hinweis auf die Kreuzung aus mehreren Gattungen.

## Neue Zimmerpflanzen

Gattungshybriden bieten die Chance, völlig neue Orchideen als Zimmerpflanzen oder Schnittblumen zu ziehen. Die Berufs- und immer mehr auch züchtende Hobbygärtner be-

*Miltoniopsis vexillaria* ist der wichtigste Elternteil der heutigen Stiefmütterchen-Orchideen *(Miltonia)*, aber eben auch der × *Vuylstekeara* Cambria.

*Odontoglossum crispum*, der »Stern von Kolumbien«, ist der wohl wichtigste Elternteil der × *Vuylstekeara*. Diese Art zu pflegen ist auch heute noch reizvoll.

schränken sich bei der Auswahl der Zuchtpflanzen auf äußerliche Merkmale wie Farbe, Form, Haltbarkeit, Wachstumseigenschaften und Größe. Außerdem wirken Intuition und Zufall mit. Auch Erkenntnisse der allgemeinen Pflanzenzucht, wie die Beeinflussung der Gene durch Bestrahlung oder chemische Reize, werden berücksichtigt – allerdings bislang mit mäßigem Erfolg.

Nicht jede Kreuzung gelingt, manchmal sind mehr als hundert Versuche für einen »Erfolg« notwendig. Wenn schließlich Samen gebildet werden, ist fraglich, ob sie auch keimen. Wie werden die Jungpflanzen wachsen? Bis zur ersten Blüte der neuen Kreuzung vergehen bei *Paphiopedilum* z. B. bis zu 8 Jahre – kein Hobby also für ungeduldige Zeitgenossen!

### Ausgezeichnete Orchideen

Nicht nur bei den Menschen werden Orden und Ehrenzeichen verliehen, auch die Pflanzen müssen sich einteilen lassen in Pflanzen 1. Klasse und Normaltypen.

Bis heute werden die Kreuzungen aller Orchideen in England registriert, manche einem Gremium vorgestellt und bewertet. Diese Pflanzen tragen dann eine Auszeichnung als Zusatz zu ihrem Namen; sie sind sozusagen adelig geworden. Das höchste Prädikat, das First Class Certificate, wird FCC abgekürzt. So »geadelte« Orchideen tragen dann Bezeichnungen wie *O. crispum* var. *pacho* FCC/R.H.S. (R.H.S. steht für Royal Horticultural Society). Es gibt noch weitere Auszeichnungen. Andere Orchideengesellschaften wollten es den Engländern gleichtun; so werden seit einiger Zeit auch in den USA, Japan und Deutschland solche Auszeichnungen vergeben.

## Orchideen und Naturschutz

Nicht nur unsere heimischen Orchideen, auch die tropischen, oder gerade sie, sind gefährdet. Schon die Sammelreisen der Orchideenjäger zu Beginn des 19. Jahrhunderts haben einigen Pflanzen die Existenz gekostet. Die Vernichtung der tropischen Regenwälder und die »Gier« der Sammler nach verbotenen Pflanzen lassen vielen Arten heute wenig Chancen. Manche werden wir nie zu Gesicht bekommen, ihre Vernichtung erfolgt vor der Entdeckung.

*Cypripedium calceolus,* der heimische Frauenschuh, steht unter Naturschutz. Mit seinen tropischen Verwandten *Paphiopedilum* und *Phragmipedium* ist nur die zum Schuh geformte Lippe identisch.

Im Zweifelsfall, besonders auf Orchideenbörsen und Ausstellungen, sollte man sich vom Verkäufer eine so genannte CITES-Bescheinigung aushändigen lassen (CITES = Convention of International Trade in Endangered Species). Dadurch ist sichergestellt, dass die Naturschutzbestimmungen erfüllt sind und die Pflanze z. B. aus Nachzuchten und nicht vom Wildstandort stamt.

× *Wilsonara* 'Kolibri'; hier lässt sich die Herkunft aus der Gattung *Oncidium* noch deutlich erkennen. Die verzweigten Rispen halten wochenlang.

Man braucht sich sicher zunächst nicht mit den Details der Namengebung vertraut zu machen, meist wird die eingeführte deutsche Bezeichnung genügen, z. B. Cambria 'Orange'. Doch zum Erwerb einer bestimmten Pflanze muss man schon wissen, was genau man eigentlich sucht!

1975 wurde das »Washingtoner Artenschutzübereinkommen« abgeschlossen, das bisher 115 Staaten unterzeichnet haben. Als schutzbedürftig wurden sämtliche Orchideenarten in die im Anhang aufgeführten Listen aufgenommen. Einige sind sogar gänzlich vom Handel ausgeschlossen, andere nur mit bestimmten Papieren zum Handel zugelassen. Einzelheiten dieser Bestimmungen regeln Bundes- und Landesgesetze.

Im Bundesnaturschutzgesetz ist z. B. geregelt, welche Ausnahmen von den Besitz-, Vermarktungs- und sonstigen Verkehrsverboten zulässig sind und wer diese Ausnahmen genehmigt. So sind Pflanzen, die im Geltungsbereich des Gesetzes durch Anbau gewonnen werden, von den Beschränkungen mit bestimmten Auflagen befreit. Damit wird deutlich, dass hier nicht die Falterorchidee aus dem Blumengeschäft um die Ecke gemeint ist. Generell sollten Wildarten nur aus Nachzuchten erworben werden.

## Verwirrend: Botanische Namen

Die Vielfalt der Pflanzen und die Tatsache, dass sie durch den Handel vor National- oder Sprachgrenzen keinen Halt machen, hat eine internationale Regelung der Bezeichnung notwendig gemacht. Mit der Einführung der binären Nomenklatur im Jahr 1758 durch den schwedischen Botaniker Carl v. Linné wurde ein Weg gefunden, der bis heute einheitlich die Regeln festlegt. So werden unter anderem Pflanzen in Familien, Gattungen und Arten eingeteilt.

Doch damit nicht genug, die Schreibweise ist ebenso genau vorgeschrieben wie Aussprache und Zeichensetzung. Darüber, dass alle Vorschriften eingehalten werden, wachen internationale Gremien. Eine bekannte Orchidee, die »Münchner Kindl«-Orchidee (siehe Bild Seite 20), die in der Literatur bisher als *Odontoglossum grande* auftaucht, heißt heute richtig *Rossioglossum grande*.

Neuregelungen geschehen nicht willkürlich, sie müssen stichhaltig begründet werden und basieren häufig auf neuen Erkenntnissen. Das Beispiel der *Miltoniopsis roezlii* wurde schon erwähnt (siehe Seite 7). Die Gattung *Miltonia*, nach Earl Fitzwilliam Viscount Milton (1786–1857) of Wentworth House, Yorkshire, einem Förderer des

Gartenbaus und Besitzer einer Orchideensammlung, wurde 1837 begründet. Schon 1889 sollte sie in zwei Gattungen aufgeteilt werden, nämlich in *Miltoniopsis* (= *Miltonia*-ähnlich) und *Miltonia*. Der Grund: Bei der einen Gruppe fanden sich einblättrige Pseudobulben, fehlende Öhrchen an der Säule und eine Verbindung zur Lippe, alles also Detailunterschiede im Bau von Blüte oder Spross. Diese Trennung wurde nicht offiziell anerkannt; erst 1976 waren es andere Botaniker, die die alte Regelung wieder in Kraft setzten. Den alten Namen kann man weiterhin als **Synonym** nennen (Abkürzung: Syn.).

## Die richtige Schreibweise

Die **Gattung,** in unserem Beispiel *Miltoniopsis,* wird groß und kursiv geschrieben, die **Art,** *roezlii,* wird klein und ebenfalls kursiv geschrieben. Wird zusätzlich eine **Varietät** genannt, z. B. var. *alba* (weiß) oder var. *grandiflora* (großblumig), folgt diese dem Artnamen.
Bei einer **Kreuzung** bleibt der Gattungsname bestehen, es folgt aber die Bezeichnung einer Sortengruppe, die groß und nicht kursiv geschrieben wird, etwa ein Name wie »Maiers Liebling«; insgesamt also *Miltoniopsis* Maiers Liebling. Werden aus dieser Sortengruppe wiederum Selektionen vorgenommen, spricht man von einer Sorte bzw. einem Kultivar (cv.), also z. B. *Miltoniopsis* Maiers Liebling 'Rotes Licht'.
Werden zwei Gattungen gekreuzt, entsteht eine neue **Gattungshybride,** deren Name sich aus den Silben der Eltern zusammensetzt. Aus *Cattleya* × *Sophronites,* einer häufigen Verbindung, wird × *Sophrocattleya,* gefolgt vom Sortennamen. Bei drei und mehr Gattungen wird eine Phantasiebezeichnung oder, wie bei × *Vuylstekeara,* ein Züchternamen mit der Endung *-ara* gewählt. Sogleich weiß man, dass × *Vuylstekeara* Cambria aus mindestens drei Gattungen bestehen muss. Cambria ist der Name der Sortengruppe; ihm folgt, auch das ist üblich, eine zusätzliche Kultivarangabe. Also: Gattung: × *Vuylstekeara,* Sortengruppe: Cambria, Sorte bzw. Kultivar (cv): 'Orange'. Über die Jahre ist die Zahl der Züchtungen auf die unglaubliche Zahl von mehr als 60 000 angestiegen, jedes Jahr kommen ca. 1 500 hinzu.

## Mehrgattungshybriden

Die Tabelle auf Seite 62 enthält eine kleine Auswahl der heute erhältlichen Züchtungen, die sich aus mehreren Gattungen zusammensetzen (in Klammern jeweils die international gültige Abkürzung). Wenn Sie eine dieser Hybriden kaufen, können Sie hier zumindest nachschlagen, aus welchen Gattungen sie entstanden ist – ein erster Anhaltspunkt für die Pflege.

× *Odontocidium* 'Susan Kaufmann', eine häufig angebotene *Oncidium flexuosum*-Kreuzung des bekannten deutschen Züchters Bob Holm. Schnelles Wachstum, reizende kleine Blüten, lange Haltbarkeit.

**Die wichtigsten Orchideenhybriden und ihre Eltern**

| Gattungshybride | Entstanden durch Kreuzung folgender Gattungen |
|---|---|
| × ***Ascocenda*** (Ascda.) | *Ascocentrum* (Asctm.) × *Vanda* (V.) |
| × ***Balaguerara*** (Blga.) | *Broughtonia* (Bro.) × *Epidendrum* (Epi.) × *Laeliopsis* (Lps.) × *Tetramicra* (Ttma.) |
| × ***Brassocattleya*** (Bc.) | *Brassavola* (B.) × *Cattleya* (C.) |
| × ***Brassolaelia*** (Bl.) | *Brassavola* (B.) × *Laelia* (L.) |
| × ***Brassolaeliocattleya*** (Blc.) | *Brassavola* (B.) × *Cattleya* (C.) × *Laelia* (L.) |
| × ***Burrageara*** (Burr.) | *Cochlioda* (Cda.) × *Miltonia* (Milt.) × *Odontoglossum* (Odm.) × *Oncidium* (Onc.) |
| × ***Doritaenopsis*** (Dtps.) | *Doritis* (Dor.) × *Phalaenopsis* (Phal.) |
| × ***Epicattleya*** (Epc.) | *Cattleya* (C.) × *Epidendrum* (Epi.) |
| × ***Goodaleara*** (Gdlra.) | *Brassia* (Brs.) × *Cochlioda* (Cda.) × *Miltonia* (Milt.) × *Odontoglossum* (Odm.) × *Oncidium* (Onc.) |
| × ***Maclellanara*** (Mclna.) | *Brassia* (Brs.) × *Odontoglossum* (Odm.) × *Oncidium* (Onc.) |
| × ***Miltonidium*** (Mtdm.) | *Miltonia* (Milt.) × *Oncidium* (Onc.) |
| × ***Mooreara*** (Mora.) | *Brassavola* (B.) × *Broughtonia* (Bro.) × *Cattleya* (C.) × *Laelia* (L.) × *Schomburgkia* (Schom.) × *Sophronitis* (Soph.) |
| × ***Odontioda*** (Oda.) | *Cochlioda* (Cda.) × *Odontoglossum* (Odm.) |
| × ***Odontobrassia*** (Odbrs.) | *Brassia* (Brs.) × *Odontoglossum* (Odm.) |
| × ***Odontocidium*** (Odcdm.) | *Odontoglossum* (Odm.) × *Oncidium* (Onc.) |
| × ***Odontonia*** (Odtna.) | *Miltonia* (Milt.) × *Odontoglossum* (Odm.) |
| × ***Sophrocattleya*** (Sc.) | *Cattleya* (C.) × *Sophronitis* (Soph.) |
| × ***Sophrolaeliocattleya*** (Slc.) | *Cattleya* (C.) × *Laelia* (L.) × *Sophronitis* (Soph.) |
| × ***Vuylstekeara*** (Vuyl.) | *Cochlioda* (Cda.) × *Miltonia* (Milt.) × *Odontoglossum* (Odm.) |
| × ***Westara*** (Wsta.) | *Brassavola* (B.) × *Broughtonia* (Bro.) × *Cattleya* (C.) × *Laelia* (L.) × *Schomburgkia* (Schom.) |
| × ***Wilsonara*** (Wils.) | *Cochlioda* (Cda.) × *Odontoglossum* (Odm.) × *Oncidium* (Onc.) |

# Die schönsten Orchideen im Porträt

## *Phalaenopsis*
**Falterorchidee**

Wenn es eine Orchideengattung verdient, als Zimmerpflanze bezeichnet zu werden, dann ist es *Phalaenopsis*. Kein Wunder, denn in der Heimat der wichtigsten Art *P. amabilis* (Malaienblume), den Philippinen, ist es immer warm, so wie heute in unseren Wohnungen! Andere Arten kommen aus Myganmar (Burma), Südchina und Queensland in Australien. Bekannt sind etwa 70 Arten. Die Anzahl der Kreuzungen ist groß, auch weil die Zeit von der Aussaat bis zur ersten Blüte relativ schnell, nämlich in zwei bis drei Jahren, abgeschlossen ist. Hinzu kommt aber noch die Zeit der Samenreife, immerhin acht Monate. Weiße und rosa Sorten werden jetzt schon ziemlich sortenrein über Samen vermehrt. Die Vermehrung per Meristem, also durch Gewebekulturen, ist ebenfalls üblich, um besondere Farben und Wuchsformen zu erhalten.
Kreuzungen mit anderen Gattungen, z. B. *Ascocentrum* oder *Renanthera*, sind interessant,

haben sich aber noch nicht durchgesetzt. Nur diejenigen mit *Doritis* sind bereits erfolgreich; sie heißen × ***Doritaenopsis,*** benötigen leider länger bis zur Blüte und wachsen langsamer. Dafür haben sie besonders leuchtende Farben und noch längere Blütezeiten (siehe Seite 56).
Neben Züchtungen gibt es im Handel folgende Arten:

- ***P. amabilis*** mit Blättern bis 50 cm Länge, einem mehr oder weniger hängenden, verzweigten, bis 1 m langen Blütenstand. Die Einzelblüten sind ca. 8 cm groß, weiß, die Lippe ist an der Basis gelb. Heimat: Australien, Philippinen, Indonesien.

*Phalaenopsis* Carmela's Pixie – so soll eine Zimmerorchidee beschaffen sein! Viele Blüten, nicht zu hohe Blütenstände, leicht zu pflegen.

- ***P. schilleriana*** hat 45 cm lange Blätter, der Blütenstand ist ebenso verzweigt, bis 1 m lang und hängend. An starken Exemplaren bis zu 200 Blüten. Die Einzelblüte ist ca. 7 cm groß; zart bis kräftig rosa, die Lippe trägt an den Seitenlappen rote Punkte. Heimat: Philippinen. Diese Art ist neben ***P. sanderiana*** die wichtigste aller rosa/lilafarbenen Sorten. Der Tag-Nacht-Temperaturunterschied soll für *P. schilleriana* mindestens 5 °C betragen, damit sie sicher zur Blüte kommt.
- ***P. stuartiana*** ist der vorgenannten ähnlich, die Blüten sind jedoch weiß mit bräunlich roten Punkten. Kultur und Heimat: wie dort.
- Klein, aber besonders hübsch ist ***P. equestris,*** deren Blätter bis 20 cm und deren verzweigter Blütenstand bis 40 cm lang sind. Die Einzelblüten sind bis 4 cm groß und rosa bis magenta gefärbt; die Lippe ist immer dunkler. Heimat: Taiwan, Philippinen. Als Topforchidee häufig angeboten, verlangt sie weniger Wasser als andere Arten und verträgt mehr Licht.

*Phalaenopsis schilleriana,* benannt nach einem Hamburger Kaufmann, bei dem diese Art 1860 erstmals blühte.

**Das bedeuten die Symbole:**

**Luftfeuchtigkeit**

hoch normal niedrig

**Lichtbedarf**

schattig halbschattig sonnig

**Temperaturbedarf**

kalt temperiert warm sehr warm

*Phalaenopsis stuartiana;* ihre Blütezeit ist nicht so lang wie bei *P. amabilis.* Sie kann dafür aber zu jeder Jahreszeit blühen. Meist verzweigen sich die Rispen.

- Sehr schön ist auch ***P. amboinensis*** und ***P. lueddemanniana.*** Blätter 30 cm lang, Blütenstand bis 35 cm, mehrblütig. Einzelblüten bis 6 cm groß, braungelb bis gelb bzw. bei *P. lueddemanniana* rosa bis magenta, mit quer laufenden braunen oder rot-braunen Streifen. Eine lange, fast ganzjährige Blütezeit ist möglich. Heimat: Molukken, Ambon, Celebes bzw Philippinen.

Eine *Phalaenopsis* kann bei guter Pflege sogar 2–3-mal im Jahr blühen. Nach der ersten Blüte kürzt man den Blütenstiel auf 2–3 Augen (= ruhende Knospen) ein. Den Schnitt immer oberhalb eines Auges durchführen. Fast immer lässt sich so nach ca. 120 Tagen eine zweite oder später sogar eine dritte Blüte erzielen.

**Zuchtsorten:**
Bei *Phalaenopsis* sind kompakte, mehrfach verzweigte Rispen das Zuchtziel. Daneben werden Sorten bevorzugt, die eine zweite Blüte nach dem Entfernen der Blütenstielspitze entwickeln. Die Züchtungen der Falterorchideen sind mittlerweile sehr zahlreich, für jeden Geschmack ist etwas dabei, reinweiß, dunkellila, gelb bis gepunktet oder gestreift.

*Phalaenopsis lueddemanniana variiert* stark. Sie bildet viele Kindel; diese kann man an der Pflanze belassen, was zu buschigen Ampelpflanzen führt.

*Phalaenopsis*-Hybride Woodlawn, eine ältere Kreuzung aus USA. Die großen Blüten halten viele Wochen. Ähnliche Sorten im Handel: *P.* 'Flare Spots' und *P.* 'Follet'.

**Allgemeine Pflegehinweise:**
Phalaenopsis nicht zu schattig kultivieren, da der Zuwachs sonst gering bleibt und der Blütenansatz nachlässt.

- **Temperatur:** Mindesttemperatur am Tag 17 °C, nachts 16 °C. Idealtemperatur am Tag 22 °C, nachts weniger.
- **Licht:** Das Lichtbedürfnis ist gering, lediglich im Winter evt. Zusatzlicht. Sind die Knospen etwa erbsengroß, reagieren die Pflanzen besonders empfindlich auf Licht- oder/und Temperaturmangel. Daher manchmal Knospenfall im Herbst/Winter. Leider kann man sich davor nicht schützen.

- **Umtopfen:** Mindestens alle zwei Jahre verpflanzen.
- **Pflanzenschutz:** Auf Woll- und Schildläuse achten. Grauschimmel kann die Blüte befallen; selten in der Wohnung, häufig im Gewächshaus und im Wintergarten. Gefährdet ist immer das sehr weiche, junge Herzblatt. Niemals darf Gießwasser über Nacht im Herzblatt stehen bleiben, es könnte schnell zu Fäulnis kommen.
- **Besonderheiten:** *Phalaenopsis* neigen, je nach Sorte, aber auch nach Kulturfehlern, zur Kindelbildung. An einem Stielknoten bildet sich eine neue Pflanze. Man belässt die neue Falterorchidee bis zur Wurzelbildung am Stiel, egal wie lange es dauert – manchmal braucht es bis zu 10 Monate. Erst dann trennt man unter- und oberhalb den Stiel ab, lässt das abgetrennte Stück aber an der Kindelpflanze und topft das Kindel wie eine Jungpflanze (siehe Seite 38). Die Kindelbildung lässt sich durch ein Präparat mit dem Handelsnamen 'Keiki Fix' auch künstlich anregen.
  Durch ihr – fast – ganzjähriges Wachstum sind die *Phalaenopsis* besonders für Hydro- und Seramiskultur geeignet. *Phalaenopsis* haben so genannte Terminal-, also Spitzenknospen. Kommt es nicht zu einer Bestäubung, was im Zimmer ja nicht passiert, entwickeln sich nach dem Verblühen der Hauptblüte an der Spitze neue Einzelblüten, jeweils eine, zwei oder auch drei. Eine neue vollständige Rispe erhält man jedoch, wenn man die Rispe oberhalb des dritten oder vierten Nodiums (Stielknoten) einfach abschneidet. Nach ca. drei Monaten treiben dann neue Blüten. *Phalaenopsis*-Stiele sollte man also immer erst abschneiden, wenn sie trocken und gelb geworden sind.

*Paphiopedilum lawrenceanum* aus Nord-Borneo; dort wächst sie am Waldboden an schattigen Plätzen. Die Pflanzen dürfen niemals ganz trocken werden.

## *Paphiopedilum* Frauenschuh

In dieser Gattung sind Arten aus kälteren und wärmeren Gebieten Asiens vertreten. Sie umfasst etwa 70 Arten. *Paphiopedilum* sind nicht nur beliebt, weil sie sehr lange blühen, sondern auch, weil sie leicht zu pflegen sind. Früher war der Frauenschuh viel bekannter als die Falterorchidee. Ebenfalls einen Schuh als Lippe haben ***Phragmipedium*** aus Südamerika. Besonders die feuerrote erst spät entdeckte Art *P. besseae* wird heute als Hybride angeboten (etwas kühler kultivieren).

- ***P. insigne*** ist dafür ein Beispiel, sie wächst auf Kalkfelsen in 2 000 m Höhe an lichtreichen Standorten in Nepal.

*Paphiopedilum*-Hybride in einer so genannten großblumigen Züchtung, die früher vor allem als Schnittblume gefragt waren. Heute erhält man solche Prachtexemplare fast überall.

Sie wird leicht mit einer kalten, aber frostfreien Umgebung fertig.

- Ganz anders ***P. callosum*** aus Thailand und Indochina. Für sie muss der Platz halbschattig und warm gewählt werden, so wie heute im Wohnraum üblich. Diese letztgenannte Art hat marmorierte, breitere und weichere Blätter, die erstgenannte schmale, derbe, hellgrüne.
- Erst vor 25 Jahren wurden noch weitere Arten in China entdeckt, die so genannte Parvisepalum-Gruppe. Ein Beispiel ist ***P. armeniacum.***
- Andere Arten sind lange bekannt, aber trotzdem selten im Handel. Sie lassen sich nämlich nicht leicht kultivieren! Dazu zählen ***P. bellatulum, P. niveum*** und ***P. concolor*** alle mit mehr oder weniger weißer Grundfarbe.
- Ganz anders ihre so genannten Primärhybriden. Dabei werden reine Arten der Gattung gekreuzt. Ein Beispiel: *P. bellatulum* × *P. niveum* ergibt *P.* 'Psyche'. Man kann die Herkunft noch erkennen, jedoch wachsen sie, im Gegensatz zu den beteiligten Eltern, problemlos im Zimmer. Trotzdem bleibt der besondere Charme der Wildorchideen erhalten. Die Haltbarkeit der Blüten ist bei allen *Paphiopedilum* enorm, meist mehrere Wochen.
- Mehrblütige Arten, dazu zählen ***P. philippinense, P. rothschildianum*** und ***P. stonei,*** werden fast nur als Hybriden angeboten. Sie entwickeln drei und mehr Blüten an einem Stiel. Wer das einmal erlebt hat, wird solche Arten bzw. ihre Kreuzungen bevorzugen. Allerdings muss man wissen: So viele Blüten erfordern von den Pflanzen viel Kraft. Regelmäßig blühen nur ausgewachsene, gut ernährte Exemplare.

***P. philippinense***

***P. rothschildianum***

***P. stonei***

Bei den **Züchtungen** vertragen groß- und mehrblütige Formen mehr Wärme, ihre Zimmereignung ist deutlich besser. Das Zuchtziel für Schnittblumen war die große, möglichst runde

*Paphiopedilum concolor* wächst auf Kalksteinfelsen. Sie hat ein sehr großes Verbreitungsgebiet und kommt von Thailand bis China vor.

*Paphiopedilum*-Hybride Snow Queen; wie fast alle weißen Sorten kann auch diese Kreuzung ihre Herkunft nicht verheimlichen: die Eltern sind *P. bellatulum* und *P. concolor.* Sind die Vorfahren auch problematisch zu pflegen – die Abkömmlinge machen keine Probleme.

Blüte. Dieses Ziel ging jedoch zu Lasten der Vielblütigkeit. Heute werden verschiedene Sorten mit offenen und runden Blütenformen im Handel angeboten. Sie sind nicht mehr teurer als kleinblütige. Nun kann jeder selbst wählen, ob er mehrere kleine oder weniger größere Blüten bevorzugt.

*Paphiopedilum* Pinocchio und die im Anhang (Seite 97) abgebildete *P. chamberlainianum*-Hybride sind Beispiele dafür. Sofort nach dem Verblühen folgt die neue Blüte. So kann die Gesamtblütezeit manchmal bis zu einem halben Jahr dauern.

**Allgemeine Pflegehinweise:** Frauenschuhe haben kein Speichergewebe, trotzdem muss bei Arten des kühleren Bereichs eine Ruhezeit eingehalten werden. Überhaupt benötigen die meisten Paphiopedilen im Winter eine hellere, trockenere Kultur.

- **Licht:** Sie brauchen generell weniger Licht als andere Orchideen. Zu wenig Licht schadet den Pflanzen aber genauso wie zu viel Licht, die Photosynthese wird gestört.
- **Temperatur:** In der Heimat der Frauenschuhe spielen jahreszeitliche Temperaturschwankungen sonst keine Rolle. Eine Nachtabsenkung oder der Sommeraufenthalt im Freien für kühler zu pflegende Arten (z. B. *P. insigne*) ist trotzdem sinnvoll. Die meisten Frauenschuhe werden bei Zimmertemperatur gepflegt. Temperaturen über 30 °C (im Gewächshaus oder Wintergarten) werden von allen Arten schlecht vertragen, es muss schattiert werden.
- **Substrat:** Das Substrat für *Paphiopedilum* darf etwas feiner sein. An den Standorten der meisten Paphiopedilen regnet es fast das ganze Jahr über, mit nur wenigen trockeneren Monaten. Das bedeutet, dass Paphiopedilen ein ganzjährig feuchtes Pflanzsubstrat lieben, dabei aber gute Drainage, um einem Sauerstoffmangel der Wurzeln vorzubeugen.
- **Gießen:** Bevorzugt wird weiches Wasser zum Gießen, möglichst Regenwasser, das aber nicht allzu lange abstehen sollte, da sich sonst darin Bakterien vermehren, die zur Fäulnis führen (eventuell Zugabe von Physan). Das Gießwasser darf niemals kalt sein, besonders im Winter nicht. In den Blattachseln darf nachts, wie bei Phalaenopsis im Herzblatt, kein Wasser bleiben, da dies ebenfalls zur Fäulnis beiträgt. Paphiopedilen benötigen vor allem während des Wachstums in den Sommermonaten hohe Luftfeuchtigkeit, die durch Sprühen erreicht wird.
- **Düngen:** Regelmäßig, aber gering. Geeignet sind die handelsüblichen Orchideendünger; manche Paphiopedilen gedeihen aber besser mit

Frauenschuh-Arten mit einfachen, grünen Blättern sollen kühler kultiviert werden als solche mit weichen, marmorierten Blättern. Ausnahme sind Züchtungen, und viele mehrblütige Arten.

*Paphiopedilum* Pinocchio, eine Sorte, die viele Monate lang immer neue Blüten entwickelt. Warm kultivieren!

organischem Dünger (z. B. *P. lowii)*. Große Pflanzen benötigen mehr Dünger als Arten mit weniger Blattsubstanz. Bis zur Blütezeit muss der Neutrieb groß genug sein, sonst blüht die Pflanze erst im folgenden Jahr. Grundsätzlich aber sollen alle *Paphiopedilum* mit halbjährlichen Gaben Kalk – etwa ein Teelöffel kohlensaurer Kalk pro 10 cm Topf – versorgt werden. Beim Gießen wird der Kalk eingespült und von der Pflanze langfristig genutzt.

- **Umtopfen:** Alle zwei Jahre, besser jährlich. Paphiopedilen bevorzugen kleinere Töpfe. Dabei nur Pflanzen teilen, die von selbst auseinander fallen. *Paphiopedilum* vertragen kein Reißen oder Beschädigen am Wurzelhals. Überhaupt niemals unnütz Gewebe beschädigen, leicht dringen auch hier Fäulnisbakterien ein. Vorbeugend mit Holzkohlepuder behandeln. Große Pflanzen bringen im Verhältnis mehr Blüten, wenn möglich also nicht teilen.
- **Pflanzenschutz:** Alle Frauenschuh-Arten sind anfällig gegen Spinnmilben, besonders bei marmorierten Blättern werden sie oft erst spät entdeckt; laufende Kontrollen sind notwendig. Andere Schädlinge sind eher selten, lediglich Bakterien und Pilze kommen immer wieder vor. Vorbeugend viel Frischluft und Luftbewegung. Einige Arten benötigen Kalk, hier muss man sich in Spezialliteratur informieren oder beraten lassen.

## *Cattleya*
## Cattleye

Zu dieser Gattung gehören Arten mit besonders schönen und großen Blüten, häufig mit der typischen *Cattleya*-Farbe,

*Cattleya aclandiae* stammt aus Brasilien. Man findet sie in jedem Orchideenbuch, in Sammlungen ist sie jedoch eher selten. Das liegt an den Klimabedingungen am Standort, der als sehr heiß und relativ trocken gilt.

× *Laeliocattleya* Irene Finney. 1964 gelang es Herrn Hausermann in den USA, diese Hybride zu züchten. Eine typische »Muttertagssorte«.

einer Art Rosalila, die sogar als Farbbezeichnung (Magenta) Eingang in die Mode fand. Etwa 35 *Cattleya*-Arten sind bekannt, die meisten epiphytisch wachsend, nur wenige lithophytisch (auf Steinen). Sie verfügen über verdickte Bulben, wobei die Bulbengröße von 80 cm (bei *C. guttata)* bis herab zu nur 15 cm (bei *C. luteola)* schwanken kann. Der untere Teil der Bulben ist mit einer Bastschicht geschützt. Über den Bulben sitzen ein oder zwei fleischige, feste, fast sukkulente Blätter. Alle Cattleyen wachsen sympodial, jeder neue Trieb entsteht also an der Basis der Bulben.

- Zu den typischen *Cattleya*-Arten mit großen, mehr oder weniger rosalila Blüten und der purpurgeaderten, meist gelben Lippe zählt ***Cattleya labiata*** (Blühzeit: Herbst) mit einem Blütendurchmesser von 18 cm und bis zu 5 Blüten an einem Stiel. Weitere Arten sind ***C. mossiae*** (Frühjahr), ***C. maxima*** (Herbst), ***C. trianaei*** (Winter) und ***C. percivaliana*** (Herbst). Dies sind auch die für die Zucht wichtigsten Arten.

- Von den kleinblütigeren Arten mit immerhin noch ca. 7 cm großen Blüten sind ***C. bowringiana*** und ***C. skinneri*** zu nennen. Beide sind nicht nur einfach zu pflegen und blühfreudig, sondern mit bis zu 30 Einzelblüten am Blütenstand besonders attraktiv.

- Andere kleinblütigere Arten, wie ***C. aclandiae***, bringen es immerhin noch auf ca. 8 cm Durchmesser. Im Gegensatz zu *C. bowringiana* ist trägt diese Art gelblich-grüne Blüten, mit braunroten Flecken.

Durch die enge Verwandtschaft zu den Gattungen *Laelia, Sophronitis, Brassavola* und *Epidendrum* sind viele Gattungskreuzungen entstanden (siehe Seite 82). Sie weisen andere

*Cattleya bowringiana,* eine vielblütige und auch blühfreudige Art aus Guatemala, benannt zu Ehren des englischen Hobbygärtners J. C. Bowring.

Farben, höhere Temperaturtoleranz, verbesserte Wuchseigenschaften und längere Haltbarkeit auf. Heute werden darum nicht nur typisch lilafarbene, sondern rote, gelbe, grüne und mehrfarbige Cattleyen angeboten. War die Haltbarkeit der *Cattleya* früher eher gering, so gibt es heute mehrheitlich Sorten mit einer Blütezeit von mehreren Wochen.

**Allgemeine Pflegehinweise:**
Bei den meisten Sorten ist die Ruhezeit genauso wichtig wie ein heller, nach Gewöhnung sogar sonniger Standort. Bei den Mehrgattungshybriden gibt es mittlerweile Sorten, die ganzjährig warm stehen wollen und mehrfach blühen.

Neuerwerbungen von Cattleyen auf Wollläuse hin untersuchen; vor allem den Bast kontrollieren! Unter dem Bast halten sich gerne Woll- und Schildläuse auf. Man kann den Bast vorsichtig entfernen, dann lassen sich die Läuse gut mit einem Rapsöl-Präparat bekämpfen. Einfach mit einem Pinsel auftragen.

- **Licht:** Wenn möglich Morgensonne, wenn nötig erst mittags schützen. Dunkelgrüne Blätter sind attraktiv, leicht rote durch das hohe Lichtangebot aber typisch und erwünscht. So erreicht man die volle Blühleistung. Hellgrüne Blätter sind dagegen Zeichen

*Cattleya*-Hybriden sind durch die Kreuzung mit anderen Gattungen heute in allen Farben, Größen und Formen denkbar. Besonders interessant die »Mini-Cattleyen«.

Bei *Cattleya* entwickelt sich die Knospe über Monate in einer Blüten-Scheide und verkümmert dabei manchmal. Durch niedrige Luftfeuchtigkeit trocknet die Außenhülle zu schnell ab und behindert die Knospe. Dem kann man vorbeugen: Wenn die Knospe deutlich sichtbar ist (links), wird die Scheide vorsichtig geöffnet. Danach entwickelt sie sich ohne Störung weiter (rechts).

von Lichtmangel. Im Sommer im Freien kultivieren.

- **Temperatur:** Je nach Herkunft wachsen die meisten Arten und Hybriden im temperierten Bereich, mit der Ruhezeit bei 12 °C als niedrigstem Wert.
- **Substrat:** Strukturstabiles Substrat.
- **Gießen:** *Cattleya* müssen eher trocken als feucht gehalten werden; dabei benötigen sie – im Vergleich zu anderen Orchideen – trotzdem mehr Nährstoffe. Gegossen wird erst wieder, wenn das Substrat abgetrocknet ist.
- **Umtopfen:** Umtopfen immer erst, wenn aus Platzgründen notwendig – etwa alle drei Jahre. Um dabei Wurzelschäden zu vermeiden, werden die Töpfe 10 Minuten vor dem Umsetzen in handwarmes Wasser getaucht. Die Wurzeln sind dann geschmeidiger und lassen sich leichter aus dem Topf lösen. Wenn Pflanzen geteilt werden, mindestens 4 Bulben belassen. Alle toten Wurzeln unbedingt vollständig entfernen. Immer nur umsetzen, wenn neue Wurzeln sichtbar sind. Holzkörbchen und Ampeltöpfe sind als Gefäße gut geeignet, auch aufgebunden auf Epiphytenstämme sind *Cattleya* – weil eigentlich genügsam – gut zu verwenden.
- **Pflanzenschutz:** Bei großblumigen Sorten mit weichen Blüten auf Schnecken achten. Die manchmal klebrigen Knospen scheiden vor dem Öffnen eine zuckerhaltige Lösung ab. Sie soll Ameisen anlocken, die wiederum die Knospen vor anderen Insekten schützen. In der Kultur sind Ameisen natürlich nicht erwünscht, denn sie tragen Läuse zu den Pflanzen.

## *Cymbidium*
## Kahnlippe

Der deutsche Name bezieht sich auf die »bootförmige« Lippe dieser epiphytischen, seltener terrestrisch wachsenden Gattung. Die großen, haltbaren und zahlreichen Blüten haben sie zur bedeutendsten Schnittblume unter den Orchideen werden lassen. Die Pflanzen werden oft als preiswerte Topfpflanzen angeboten und daher gerne gekauft. Allerdings werden sie recht groß und sind daher nicht immer als Zimmerpflanzen gut geeignet. Häufig sind diese

> Wird die Ruhezeit nicht eingehalten, treiben *Cattleya* nur neue Bulben. Die Bulben werden jedoch immer kleiner, sie reifen nicht und bringen keine Blüten. Irgendwann verausgabt sich die Pflanze dabei total.

»Topfpflanzen« nicht mehr aktuelle Sorten, die ausgetauscht werden, weil der Markt z. B. andere Farben verlangt. Zur Schnittblumenproduktion wurden die Pflanzen in riesigen Gefäßen (Maurerkübel) oder ausgepflanzt kultiviert, danach werden sie geteilt und als »kleine« Topfpflanzen angeboten. Die Kraft der Blüte kommt noch aus dem Jahrestrieb der großen Pflanze, die Proportionen wirken gefällig. Da Schnittblumen in der Muttertagszeit besonders gefragt sind, werden auch »muttertagsblühende« Topf-Cymbidien verkauft.

Die Blütenfülle der Miniatur-Cymbidien sowie ihre Temperaturtoleranz macht sie zu echten Zimmerpflanzen. Besonders reich blühen größere Exemplare, daher nicht teilen!

**TIPP:** Bei spät blühenden Sorten im Zimmer ist die erste Blüte (beim Kauf) meist auch die einzige. Das ist schade, denn *Cymbidium* können bei richtiger Pflege durchaus wieder blühen. Man erwirbt allerdings besser nur frühblühende Sorten; das sind alle Sorten, die bei uns bis Weihnachten blühen. Sie haben ihre Blühinduktion im Spätsommer, so dass man sie gut im Freien halten kann.
Es ist also falsch, knospige Pflanzen zu erwerben, sie sollten mindestens zu einem Drittel angeblüht sein. Zu Hause dann den hellsten Platz wählen und nicht mehr umstellen.
Übrigens gibt es auch kleine ***Cymbidium*-Miniatur-Hybriden**, wobei sich die Bezeichnung entweder auf die Blüte bei ansonsten großen Pflanzen oder auf den Habitus allgemein beziehen kann.
Für die großblumigen Sorten sind von den ca. 50 Arten der Gattung u. a. nachfolgende als Vorfahren anzusehen:

- ***C. giganteum*** ist gelblichgrün mit roten Streifen und kommt bis in Höhen von 1800 m im Westchinesischen Himalaja vor.

Eine *Cymbidium lowianum*-Hybride, mit großen, eleganten Blüten, die lange halten. Eigentlich eine ideale Pflanze für den kühlen Wintergarten.

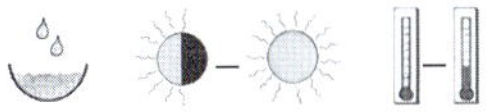

- Sehr ähnlich ist ***C. lowianum***. Des weiteren ähnelt ihr ***C. tracyanum*** aus Myanmar. Diese Art duftet betörend, dafür ist ihre Haltbarkeit geringer.

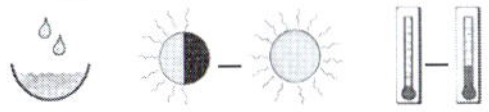

Daneben gibt es auch klein bleibende *Cymbidium*, die sich besser für die wärmere Zimmerpflege eignen. Das sind Nachkommen der ***C. floribundum*** (Syn.: *C. pumilum*). Sie entwickeln viele kleine Blüten an einer manchmal aufrechten, meist mehr hängenden Rispe. Es gibt sie in vielen Blütenfarben. Besonders dekorativ lassen sie sich in Ampeltöpfen kultivieren.

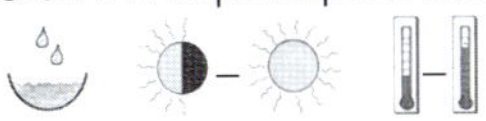

**Allgemeine Pflegehinweise:**
Aus der Herkunft kann man einiges über die Pflege ableiten.

*Cymbidium*-Hybride 'Vanguard', eine typische Schnittsorte. Die großen Pflanzen benötigen viel Platz, aber nur große Exemplare blühen reich.

- **Temperatur:** *Cymbidium* sind keine Warmhauspflanzen, also eigentlich keine Zimmerpflanzen. Zur Blühinduktion benötigen sie hohe Tages- und niedrige Nachttemperaturen. Der Sommeraufenthalt im Garten, der für alle *Cymbidium* empfohlen wird, kann also nur den frühblühenden Sorten zur Induktion der Blüten verhelfen.
- **Licht:** Beim Aufenthalt im Freien die Pflanzen im Baumschatten platzieren, wenn möglich, mit viel Morgensonne. *Cymbidium* sind ideale Pflanzen für Wintergärten. Wenn *Citrus*, Clivie und *Bougainvillea* ruhen, sind sie die Herbst-, Winter- und Frühjahrsblüher.
- **Substrat:** Das Substrat kann für die Miniatursorten feiner gewählt werden als bei den großblütigen Sorten.
Alle *Cymbidium* benötigen in der Wachstumszeit ausreichend Nährstoffe, dabei dürfen sie niemals trocken werden. Die Ruhezeit ist nur kurz, die Temperatur wird nur unwesentlich abgesenkt, die Minis wachsen manchmal sogar ohne Unterbrechung. Bilden sich letztlich die Knospen, ist eine Veränderung des Standortes nicht günstig; erst die erblühte Pflanze kann man unbedenklich umstellen.
- **Gießen:** Cymbidium werden fast ganzjährig gegossen, lediglich wenige Wochen im Winter können sie trockener gehalten werden. Und, besonders wichtig, nach dem Umtopfen für mindestens zwei Wochen. In dieser Zeit wird nur gesprüht.
- **Düngen:** Regelmäßig bei jeder dritten Gießgabe.
- **Umtopfen:** Da die Pflanzen fast ganzjährig wachsen, sollte man sie nach der Blüte umsetzen und, wenn nötig, teilen. Blühfreudiger sind allerdings ungeteilte Pflanzen.
- **Pflanzenschutz:** Beim Aufenthalt im Garten besonders auf Schnecken achten! *Cymbidium* werden schnell Opfer von Spinnmilben und Schildläusen. Im Zimmer und Wintergarten schafft man Abhilfe durch den Einsatz von Nützlingen.

## *Odontoglossum*
## Zahnzunge

Der griechische Name weist auf die zahnförmigen Erhebungen der Lippe hin. Es sollen fast 100 Arten sein, die zu dieser Gattung zählen, jedoch werden laufend Änderungen in der Einteilung vorgenommen.
Manche Arten werden heute teilweise zu der verwandten Gattung *Oncidium* gerechnet. Diese »unklaren« Verhältnisse zeigen, dass hier eine Gattung vorliegt, die sich leicht kreuzen lässt.

- Die erste Art, die in Europa 1836 zur Blüte kam, war ***Odontoglossum bictoniense***

*Lemboglossum bictoniense,* auch unter dem alten Namen *Odontoglossum bictoniense* angeboten, ist eine dankbare Zimmerorchidee.

(heute: *Lemboglossum bictoniense*). Sie wächst in feuchten Bergwäldern in Höhen von 1 500 bis 3 000 m in Mexiko, Guatemala und El Salvador. Die Blütenstände können leicht bis zu 1 m hoch werden. Etwa 4 cm groß sind die Einzelblüten, farblich variabel, rosa bis lila, mit hellerer Lippe.

- Den wichtigsten Vertreter der Gattung findet man in der Art ***O. crispum,*** dem **»Stern von Kolumbien«.** Für keine andere Orchidee wurde mehr Geld bezahlt, wurden Sammelexpeditionen ausgerüstet, wurden Legenden gesponnen. Der attraktive, leicht hängende Blütenstand, bis 60 cm lang, mit weißen, ca. 7 cm breiten Einzelblüten, kann 30 und mehr Blüten entwickeln. Manchmal tragen sie dunkle, große Tupfen, manchmal kleine Flecken, das Weiß ist rosa überhaucht oder gelblich. Durch diese Variationsvielfalt wurden immer neue Namen für Farb- und Formvarietäten vergeben, und eine heute nicht mehr vorstellbare Sammelleidenschaft brach in England aus, das zum *Odontoglossum*-Land wurde.
- So berühmte Mitglieder der Gattung wie ***O. grande, O. williamsianum*** und ***O. insleayi*** werden inzwischen in der Gattung ***Rossioglossum*** geführt. Bekannter sind sie aber unter dem alten Namen. Beim Kauf daher lieber den alten Namen nennen. Die wohl wichtigste Art ist ***Rossioglossum grande*** (bzw. *Odontoglossum grande),* mit fast 10 cm großen, gelben Einzelblüten, quer geordneten rotbraunen Flecken und dem »Münchner Kindl« in der Blüte (siehe Seite 20). Sie gehörte zu den ersten populären Zimmerorchideen.
- Ein weiteres Beispiel ist die Gattung ***Lemboglossum*** mit den Arten ***L. cervantesii*** und ***L. rossii*** aus Mexiko, die früher zu *Odontoglossum* gehörten und so noch in vielen Orchideenbüchern benannt werden.

**Allgemeine Pflegehinweise:**

- **Temperatur:** Vor allem nicht zu warm kultivieren. Alle bekannten *Odontoglossum*-Arten wachsen eher bei kühlen als bei temperierten Bedingungen; die Kreuzungshybriden (z. B. × *Odontioda*) lieben es dagegen temperiert. Sommeraufenthalt im Freien wird gut vertragen. Die Ruhezeit unbedingt beachten. Rechtzeitig schattieren.
- **Gießen:** Hohe Luftfeuchtigkeit durch häufiges Sprühen erzeugen.
- **Umtopfen:** Wenn notwendig, vor dem Austrieb, also sehr früh im Jahr, da die Wurzelbildung ca. vier Wochen vor der Triebbildung einsetzt.
- **Pflanzenschutz:** Spinnmilben sind das größte Problem bei Orchideen; leider werden

*Lemboglossum bictoniense* blüht lange und kommt sicher zur Blüte. Eine empfehlenswerte, pflegeleichte Anfängerorchidee.

*Odontoglossum crispum,* der »Stern von Kolumbien«, die wohl berühmteste Orchidee der Orchideengeschichte.

*Lemboglossum rossii,* besser bekannt als *Odontoglossum rossii,* stammt aus Mexiko. Eine echte Miniaturorchidee; nicht einfach zu pflegen, empfindlich gegen Staunässe.

× *Odontonia* Fiona Isler; die Ähnlichkeit zu *Lemboglossum bictoniense* ist augenscheinlich, nur sind die Blüten größer, die Rispen gedrungener.

sie meist erst spät bemerkt. Stellen Sie einen Befall fest, sofort Nützlinge einsetzen. Gegen Pilzkrankheiten vorbeugend biologische Mittel (Brühen) verwenden.
Um die Schönheit und Vielfalt dieser Orchideen noch zu verbessern, nahm man mit *Odontoglossum* Kreuzungen mit anderen Gattungen vor. Am erfolgreichsten waren Kreuzungen mit der Gattung *Cochlioda,* die nur aus fünf Arten besteht; für Kreuzungen wurde vor allem *C. noezliana* wichtig. Es entstand die neue Gattung × *Odontioda* (siehe Seite 84),

## *Oncidium* Schwielenorchidee

Die Gattung *Oncidium* ist mit *Odontoglossum* nahe verwandt. Sie ist überaus umfangreich, umfasst über 500, große und kleine, meist als Epiphyten wachsende Arten in Mittel- und Südamerika. Einige wachsen in warmen und feuchten Gegenden, andere leben an der Grenze des ewigen Schnees.
Es gibt Arten mit und ohne Bulben, mit weichen und ledrigen Blättern. Die Blüten sind ebenfalls vielfältig, hauptsächlich gibt es aber Rispen mit vielen, manchmal Hunderten von Einzelblüten. Die Hauptfarbe ist Gelb mit braunen, grünlichen Punkten, Streifen oder Flecken. Die Rispen ähneln einem Insektenschwarm, was dazu führt, dass sich männliche Insekten auf die Blüten stürzen und dabei den Pollen verbreiten.

- ***O. papilio*** und das nahe verwandte ***O. kramerianum*** erinnern mit ihren Blüten sehr an das Aussehen eines Falters. (Die Amerikaner nennen alle *Oncidium* »Butterfly orchids«.) Mit langen Fühlern schweben die Blüten weit entfernt von der Pflanze durch den Raum. An der Spitze der Rispe bilden sich laufend neue Blüten.

Bei den Blüten von *Oncidium papilio* man kann leicht erkennen, dass der Name »Schmetterlingsorchidee« nicht von ungefähr gewählt wurde.

Beide Arten stammen aus tiefer gelegenen Bergwäldern mit hohen Temperaturen und sollten dementsprechend warm gehalten werden.

- ***O. concolor*** aus Brasilien, hat nur 3 cm große Einzelblüten, dafür aber manchmal 30 an einer Rispe. Nicht zu feucht gehalten, verträgt sie auch trockene Zimmerluft.

- ***O. altissimum*** von den Antillen wird groß, Bulben und Blätter messen zusammen bis 40 cm. Die Rispen mit 3 m Länge haben drei oder vier Verzweigungen mit vielen gelben Einzelblüten. Unverwüstlich wächst und blüht sie bei niedrigen und höheren Temperaturen.

- Die Rispe einkürzen kann man auch bei ***O. leucochilum,*** die in trockenen und feuchten Wäldern in Mexiko, Honduras und Guatemala wächst. Ihre Blüten sind nicht gelb, sondern weißlichgrün mit rotbraunen Flecken und weißer Lippe. Mit jedem Zimmer nimmt sie vorlieb, auch ihre Lichtansprüche sind gering. Ihre Blüte hält sich monatelang.

- Zu nennen wäre auch die **Vogelkopforchidee, *O. ornithorhynchum.*** Ihre kleinen Blüten, zahlreich an einer Rispe, verströmen einen intensiven Duft. Der Blütenstiel ist leicht gebogen und trägt lilarosa Blüten, die Lippe besitzt eine gelbe Schwiele. Herkunft: Mexiko bis Guatemala. Sie braucht nicht viel Wärme, ist aber anpassungsfähig. Nur in der Ruhezeit muss man sie kühl und trocken halten.

*Oncidium ornithorhynchum,* die »Vogelkopforchidee«. Den Kopf kann man nur mit viel Phantasie erkennen, den starken Duft nimmt jeder sofort wahr.

- ***O. tigrinum,*** die getigerte Schwielenorchidee, kommt aus Mexiko. Die Blüten können bis 6 cm breit werden, sie stehen zu mehreren an einer verzweigten, bis 1 m hohen Rispe. Eigentlich sind die Blüten gelbbraun getigert, wie es der Name Tigerorchideen ja auch sagt. Doch es gibt Varietäten, die nur gelbbraun sind. Mit ihnen wurden neue Sorten gezüchtet. Diese Art spielt auch eine Rolle bei der Kreuzung mit *Odontoglossum;* die daraus entstandene neue Gat-

*Ocidium papilio* und *O. kramerianum* sind nicht leicht zu pflegen. Sie müssen eher warm als temperiert stehen. Eine Hybride aus beiden Arten, *Oncidium* Kalihii, wächst leichter und wird auch häufiger angeboten. Sie kann im Zimmer aufgebunden an Tonröhren gehalten werden.

tung heißt × *Odontocidium* (siehe Seite 84).

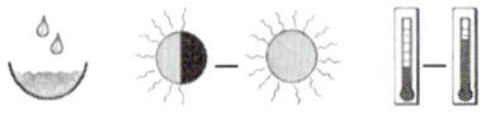

**Allgemeine Pflegehinweise:**

- **Licht:** Die meisten Oncidium brauchen nicht mehr Licht als *Phalaenopsis,* nur solche mit dicken, sukkulenten Blättern benötigen mehr, sogar mehr als *Cattleya.* Kreuzungen mit *Miltonia* haben helles Laub, auch sie benötigen weniger Licht.
- **Substrat:** Die meisten Arten haben feine Wurzeln, verlangen daher ein besonders strukturfestes, aber feineres Substrat und reagieren empfindlich auf Staunässe. *Oncidium* mit Herkunft aus großen Höhen sollten einen Zusatz von Kalkstückchen ins Substrat erhalten, und immer wieder vor dem Gießen gut abtrocknen.
- **Gießen:** Staunässe unbedingt vermeiden. Fäulnis kann vorbeugend durch Pflanzenbrühen verhindert werden.
- **Düngen:** Gedüngt werden die meisten *Oncidium* wie alle Orchideen. Arten mit weichen, hellen Blättern haben einen geringeren Nährstoffbedarf.
- **Umpflanzen:** Gleich mit der Triebbildung, eine Störung der Wurzelbildung wird nur schlecht vertragen. Für eine Teilung nicht zu kleine Pflanzen wählen.
- **Pflanzenschutz:** Auf Spinnmilben und Schildläuse achten.

## *Miltonia* Stiefmütterchenorchidee

Auch wenn manche Arten immer wieder neu zugeordnet werden, die Zuchtformen aus früher Zeit behalten ihre alten Namen. Das ist gerade bei dieser Gattung wichtig, denn wenn man in der Ahnentafel der heutigen modernen Züchtungen blättert, »Sanders List of Orchid Hybrids«, sind meist *Miltoniopsis* und *Miltonia* beteiligt. (In dieser Liste werden seit der ersten Züchtung alle Kreuzungen aus allen Ländern registriert.) Erst die Mischung der brasilianischen, wüchsigen Arten mit den relativ heiklen, aus der Nebelwaldregion stammenden Formen hat die robusten Zimmerpflanzen hervorgebracht, die wir als typische *Miltonia* kennen. Beherrschend bei den modernen Sorten sind die klaren, kräftigen Farben. Gelb, Rosa und Weiß wirken im Zimmer besonders eindrucksvoll. Bei *Miltonia* nennt man die Blütenzeichnung auch Maske. Die wohl berühmteste deutsche Züchtung war ***Miltonia* Celle** 'Wasserfall' bzw. die 'Feuerwerk'. Neben den Sorten 'Hamburg', 'Hannover' und 'Baden-Baden' sind sie zu Eltern von Kreuzungen in aller Welt geworden.

Sollten *Oncidium*-Rispen im Zimmer zu lang werden, kann man sie einfach in jeder gewünschten Länge ausbrechen. Genau dort verzweigt sich nach 5 bis 7 Wochen dann die Rispe und bildet wieder Blüten. Solange die Rispen nicht trocken werden, daher nie die Hoffnung auf eine Blüte aufgeben.

*Miltonia* Celle, die berühmteste deutsche Züchtung dieser Gattung, stammt aus dem Hause Wichmann (1958). Für eine Pflanze mußte man 1965 noch mindestens DM 1 000,– bezahlen.

**Allgemeine Pflegehinweise:**
Die als Zimmerpflanzen angebotenen Miltonien sind durchweg unproblematisch, sie vertragen Wärme und erfreuen uns durch extrem lange Blütezeiten. Die Kultur ist einfach; da sie fast ganzjährig wachsen, benötigen kaum eine Ruhezeit.
Miltonia blühen sehr lange, je nach Lichteinwirkung verstärkten sich dabei die Größe und Farbe der Blüten. Bei guter Kultur können sie alle acht Monate eine Blüte entwickeln, wobei Winterblüte natürlich bescheidener ausfällt. Nach der Blüte schneidet man den Blütenstiel ab – nicht rupfen oder reißen! Solange er noch grün ist, ist er fest mit dem Bulbus verbunden.

- **Licht:** Miltonien reagieren sensibel auf zu viel Licht; erst verfärbt sich das eher helle Grün der Blätter in eine, je nach Sorte, mehr oder weniger rötliche Farbe, schließlich kommt es zu irreparablen Verbrennungen.
- **Gießen:** Empfindlich sind ihre dünnen Wurzeln gegen zu viel und zu wenig Feuchtigkeit. Sie wollen gleichmäßig versorgt sein. Geschieht dies nicht, stockt das Wachstum. Wird es später fortgesetzt, entstehen so genannte »Ziehharmonika-Störungen« (siehe Seite 39). Passiert das schon beim zarten Neutrieb, kann es sogar zum Absterben des Triebes kommen.
- **Düngen:** Miltonien können bzw. müssen normal gedüngt werden, sie wachsen rasch und blühen reichlich, das erfordert schließlich Kraft. Vermeiden sollte man aber, dass die Düngerlösung direkt mit den Wurzeln in Berührung kommt, denn sie vertragen keine Salze, also auch nicht die im Dünger enthaltenen.
- **Pflanzenschutz:** Fäulnis kann bei zu viel Gießwasser und den weichen Blättern ein Problem werden. Zwischen den eng sitzenden Bulben und unter dem Bast an der Bulbenbasis nisten oft Schildläuse. Da *Miltonia* Mittel auf Mineral- oder Rapsölbasis schlecht vertragen, ist der Einsatz von Schmierseife oder von Nützlingen anzuraten. Gleiches gilt für Spinnmilben (Rote Spinne), die ebenfalls die weichen Blät-

*Miltonia spectabilis* var. *moreliana* stammt aus Brasilien. Eine echte Anfängerorchidee – Pflegefehler und falsche Temperaturen sind für diese Pflanze im Allgemeinen kein Problem.

*Laelia harpophylla* stammt aus Brasilien. Ihre intensive Farbe findet sich in vielen gelben Kreuzungen der *Cattleya*-Gruppe wieder.

Erfahrungsgemäß ist bei *Laelia* ein häufiger Pflegefehler der Mangel an Spurenelementen. Die Pflanzen entwickeln sich dann unbefriedigend weiter. Dem können Sie schon bei der Wahl des Substrates entgegenwirken: Fügen Sie Steinmehl oder Lehm hinzu, wobei jedoch nur eine langfristige Wirkung zu erwarten ist. Schneller wirken die schon genannten Spurenelementdünger. Man erhält sie flüssig oder in Pulverform.

ter gerne heimsuchen; sie lassen sich im Zimmer oder Gewächshaus mit Raubmilben bekämpfen.

### *Laelia*
### Laelie

*Laelia* ist von Mexiko südwärts bis Peru und Brasilien verbreitet. Entsprechend unterschiedlich sind auch die Ansprüche in der Pflege. Bekannt sind ca. 60 Arten, manche wachsen als Epiphyten, andere terrestrisch und ein Teil lithophytisch. Lithophyten sind eigentlich auch nichts anderes als Aufsitzerpflanzen, nur besteht die Unterlage bei ihnen nicht aus einem Baum, sondern aus Geröll oder Gestein. Solche Bedingungen in der Kultur nachzuahmen, ist nicht einfach. Das Gestein speichert zwar Wärme, Feuchtigkeit kann dagegen kaum gehalten werden. Aus dem Gestein werden Mineralien zugeführt; solche Pflanzen leiden bei uns häufig an Spurennährstoffmangel, was man durch entsprechenden Dünger ausgleichen kann.

- Sehr robust sind die Felsenlaelie, ***Laelia milleri,*** mit ihren kleinen orangeroten Blüten, die etwa 5 cm breit sind. Sie stammt aus Brasilien.
- Ebenfalls brasilianischen Herkunft ist ***L. liliputiana*** mit nur 1 cm hohen Bulben und 2 cm hohen Blättchen. Die rosa Blüte ist immerhin 3 cm breit.
- Eine Schönheit ist ***L. purpurata,*** die Nationalblume Brasiliens. Ihre Blüten sind bis 15 cm breit, zartrosa bis weißlich, die Lippe ist an der Basis tiefviolett und zur Spitze hin purpurn geadert. Von dieser Art, die an einem Blütenstand bis zu 6 Blüten entwickelt, gibt es zahlreiche Varietäten: weiß mit orangefarbener Lippe, rosa mit roter Lippe u. a. Im Heimatland werden in manchen Sammlungen nur *L. purpurata*-Varietäten kultiviert und in jährlich stattfindenden Ausstellungen verglichen und bewertet: Wer hat die schönste *Laelia?*
- Ein anderer Vertreter der Gattung ist die kleine ***L. pumila,*** die Zwerg-Laelie, mit 11 cm breiten, lilarosa Blüten und purpurfarbenem Lippenschlund. Sie ist im Ganzen nur ca. 15 cm groß und stammt ebenfalls aus Brasilien – ein Riese unter den Zwergen!
- Zu nennen sind zwei weitere Brasilianerinnen: ***L. cinnabarina*** und ***L. harpophylla***. Beide wachsen bei temperierten Bedingungen und blühen im Winter. Ihre Abkömmlinge zeichnen sich durch klare Farben und lange Haltbarkeit aus.
- Aus Mexiko stammen die Arten ***L. anceps, L. autumnalis*** und ***L. gouldiana***. Sie besitzen elegante Blüten an langen Blütenständen in Lilarosé, die Lippe ist immer dunkler gefärbt. Die Kultur darf nicht zu warm sein, wobei *L. gouldiana* etwas mehr Wärme verträgt.
- ***L. autumnalis*** wird von den Mexikanern »Flor de todos los Santos« genannt – die Allerheiligenblume, die auch als Schmuck der Heiligen genutzt wurde. Heute sind sie überall selten geworden, und man versucht, Nachzuchten wieder anzusiedeln.

Natürlich versuchte man auch, die Schönheit und Anmut von *Laelia* durch Kreuzung weiterzugeben. Das herausragendste Ergebnis sind Kreuzungen mit *Cattleya,* wodurch die neue Gattungshybride × *Laeliocattleya* entstand (siehe Seite 82).

**Allgemeine Pflegehinweise:**
Die Pflege unterscheidet sich nicht von der von *Cattleya* (siehe Seite 69 f. ), die schlanken, länglichen Bulben erlauben auch im Zimmer die Kultur großer Exemplare.
*Laelia pumila* ist etwas anspruchsvoller als andere Arten, weil sie, ob aufgebunden oder im Gefäß, immer höhere Luftfeuchtigkeit benötigt. In der Wachstumszeit will sie dazu auch reichlich Wasser und Nährstoffe im Substrat. Die Ruhezeit ist wiederum streng zu beachten. Das kann man übrigens von vielen *Laelien* sagen. Eine Ausnahme ist *L. purpurata.* Sie liebt extreme Bedingungen, hohe Tagestemperaturen, viel Licht, niedrige Nachttemperaturen, während der Wachstumszeit viel Feuchtigkeit, danach extreme Trockenheit.

## Die Hybriden – Orchideen mit vielen Vorfahren

Bei den Orchideen, die heutzutage als Topf- und Zimmerpflanzen angeboten werden, handelt es sich überwiegend um Züchtungen. Meist sind es Zwei- oder Mehrgattungshybriden (siehe Seite 57 und 61 f.). Leider sind die Namen im Gartencenter oder Blumengeschäft an den Pflanzen häufig unvollständig, falsch oder gar nicht vorhanden. Wenn die Namen nicht stimmen, dann helfen auch die Pflegehinweise nicht weiter, und man kann auch nichts darüber nachlesen.

Sicher, bei *Phalaenopsis,* der Falterorchidee, muss man nicht unbedingt die genaue Herkunft wissen, um etwas über die Pflege zu erfahren. Anders ist es beim Frauenschuh, wo man über den richtigen Namen schon mehr erfahren kann. Eher verwirrend sind pauschale Namen wie »Cambria« auf einem bunten Etikett mit weißen, gelben oder roten Blüten.

◀ × *Odontocidium* Hansueli Isler ist eine erfolgreiche Kreuzung aus der Schweiz: lange Blütezeit, pflegeleicht, lediglich auf Spinnmilben sollte man achten.

Richtig ist, dass im Handel nur wenige echte Varietäten der Cambria sind, und zwar am häufigsten × *Vuylstekeara* Cambria 'Plush' FCC/R.H.S. (siehe Seite 58), eine Varietät der 1931 gezüchteten Sorte, die mit höchsten Auszeichnungen bedacht in wenigen Teilpflanzen die Jahrzehnte überlebt hat. Durch die Entdeckung der Meristemvermehrung (Gewebekultur) konnte diese einst seltene Sorte nun ihren Weg als Massensorte antreten. In der Vermehrung kam es zu Mutationen, die als weitere Varietäten in den Handel kamen. Alle anderen als 'Cambria' angebotenen Pflanzen sind anderer Herkunft, ja sie stammen teilweise sogar aus anderen Gattungen.

Wer sich mit Orchideen beschäftigt, der wird schnell merken, dass mit geringen Hilfsmitteln und unter Beachtung der richtigen Temperatur die Auswahl an Zimmerorchideen riesig wird. Dabei spielen die Zwei- und Mehrgattungshybriden eine wichtige Rolle, denn sie können durch die Kombination der etwas unterschiedlichen Ansprüche der Elternarten auf ein großes Anpassungspotenzial zurückgreifen.

## Die wichtigsten Orchideenhybriden

Im Handel werden vor allem Züchtungen der Orchideen angeboten. Meist handelt es sich um Hybriden. Die Auswahl ist je nach Gärtnerei bzw. Gartencenter sehr unterschiedlich. Wenn man sich für eine bestimmte Orchidee interessiert, sollte man in Spezialgärtnereien (siehe Seite 92) nachfragen, die teilweise die Pflanzen auch versenden.

Nachfolgenden Orchideen begegnet man im Blumengeschäft oder Gartencenter häufiger. (Für die zugrunde liegenden Gattungen siehe die Porträts Seite 62–79.)

### *Ascocentrum* und × *Ascocenda*

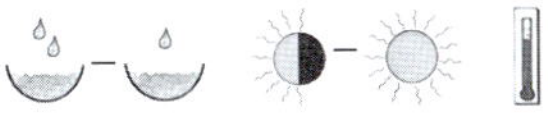

× *Ascocenda* entstand durch die Kreuzung *Ascocentrum* × *Vanda*. Die bekannteste Sorte ist × *Ascocenda* 'Meda Arnold' mit bläulichvioletten bis roten Varietäten. Rote Sorten sind reine *Ascocentrum*-Arten. Häufig werden Importpflanzen aus Fernost im Holzkörbchen angeboten. Da diese Züchtungen bei uns nur sehr langsam wachsen, zumindest bis zur ersten Blüte, werden sie überwiegend in Fernost angebaut. Frische Importe haben kein Substrat, sondern meist nur wenige Kokosfasern im Korb. Die Wurzeln strecken sie frei in die Luft.

**Pflege:** Im Zimmer lassen sie sich nur pflegen, wenn man hohe Luftfeuchtigkeit bieten kann. Tägliches, im Sommer mehrmaliges Übersprühen ist notwendig. Zur Blütenbildung ist viel Licht erforderlich. Über die Wurzeln und Blätter können durch Übersprühen auch Nährstoffe aufgenommen werden. Verpflanzen ist nur notwendig, wenn das Holzkörbchen zersetzt ist.

*Ascocentrum ampullaceum* wird nur knapp 30 cm hoch, ihre kleinen Blüten entstehen direkt an der Blattachsel. Diese Art kommt u. a. aus Thailand. Sie benötigt viel Wärme und Licht und darf nie ganz trocken fallen.

× *Sophrolaeliocattleya* Dark Waters – ein langer Name für eine relativ kleine Pflanze. 1962 gezüchtet, heute schon wieder selten angeboten.

## *Brassia* und ihre Hybriden

Bei *Brassia*, selten auch × ***Miltassia*** (= *Miltonia* × *Brassia),* handelt es sich meist um *Brassia* 'Rex', einen Abkömmling der Spinnenorchidee *(B. verrucosa)* Diese Art hat eindrucksvolle große – eben spinnenartige – Blüten.

Die großblumigen Kreuzungen sind generell nicht so haltbar wie die kleinblütigen Sorten. Daran sollte man beim Kauf denken.

**Pflege:** Die wüchsigen Pflanzen blühen nur, wenn man sie lange genug in Ruhe lässt. Auch verlangen sie eine ausreichende Nährstoffversorgung.

## *Cattleya* und ihre Hybriden

Die als *Cattleya* angebotenen Pflanzen sind reine Gattungshybriden. Ihre Hauptfarbe ist lila, selten weiß.

Kreuzungen mit *Brassavola* ergeben × ***Brassocattleya.*** Heute ist sie selten, angeboten werden aber noch alte Sorten. Auffällig ist der berauschend süßliche Duft. Die Blüten sind groß und weich mit einer gefransten Lippe. Leider sind sie wenig haltbar. Hoher Lichtbedarf!

× ***Laeliocattleya*** ist wie *Cattleya* zu pflegen; bei Miniaturen auf mehr Licht achten.

× ***Brassolaeliocattleya*** sind von der »normalen« *Cattleya* nicht zu unterscheiden. Pflege wie *Cattleya.*

× ***Sophrocattleya*** ist die Verbindung aus *Sophronitis* × *Cattleya.* Die kleinen, aber intensiv roten Blüten von *Sophronitis* bringen die rote Farbe in das Sortiment. Meist sind die Kreuzungen auch im Habitus kleiner. Kleinblütige Sorten vertragen niedrigere Temperaturen und mehr Licht. Da sie laufend treiben, benötigen sie nur geringe Ruhezeit.

Bei × ***Sophrolaeliocattleya*** kommt noch die Gattung *Laelia* als Kreuzungspartner dazu. Auch diese Arten sind wie *Cattleya* zu pflegen. Wie × *Sophrocattleya* sind sie klein und treibfreudig und immer von langer Haltbarkeit.

Die Gattung von × ***Potinara*** wurde aus *Brassavola, Cattleya, Laelia* und *Sophronites* zusammengekreuzt. Pflege erfolgt jedoch wie bei *Cattleya.*

## *Cymbidium*-Hybriden

*Cymbidium* werden als reine Gattungshybriden gehandelt. Australische echte Minis werden demnächst als Topfpflanzen auch bei uns angeboten, ihre Pflege ist im Zimmer in Ampeltöpfen möglich.

## *Dendrobium*-Hybriden

Hier ist zu unterscheiden zwischen ***Dendrobium nobile*-Hybriden** und *D. phalaenopsis*-Hybriden. Die Ersteren stammen

Vor allem die Japaner haben den *Dendrobium nobile*-Hybriden in den letzten Jahren zu neuem Ruhm verholfen.

von der Art *D. nobile* ab, die sehr weit verbreitet von Indien über China, Laos und Vietnam vorkommt.
**Pflege:** In der Ruhezeit wird das Laub des letztjährigen Triebes abgestoßen. Da sie sonst geringe Ansprüche an die Temperatur stellen, sind sie im Zimmer gut zu pflegen; in der Ruhezeit sollte man sie jedoch an einen kalten Platz bringen. Nur wenn das Laub abgestoßen wird, erscheinen die Blüten. Das Farbspiel reicht von Weiß bis Lila, aber auch Gelb und Rosa kommen vor, jeweils immer mit einer kontrastreichen Lippe.

Ganz anders sind die Züchtungen der *D. phalaenopsis*-Hybriden. Der Name deutet schon an, dass die Blüte Ähnlichkeit mit den Falterorchideen hat. Die Pflanzen stammen aus Queensland, Neuguinea, von den Molukken und Timor. Die Bulben sind bis zu 60 cm lang, und die Blüten sitzen an 50 cm langen Blütenständen und sind meist purpurfarben, manchmal auch rosa. Bekannt sind diese Orchideen vor allen Dingen als Schnittblumen, die täglich aus Singapur und Bangkok eingeflogen werden. Die Haltbarkeit an der Pflanze ist noch bedeutend besser als die der Schnittblumen, und schon diese halten oft mehrere Wochen. Durch Einkreuzung kleinerer Arten entstanden Topfpflanzen.
**Pflege:** Die Kultur im Zimmer ist unproblematisch, in der Ruhezeit werden die Pflanzen lediglich etwas trockener gehalten. Schwierigkeiten können – wie bei den Falterorchideen – durch Lichtmangel während der Knospenbildung auftreten (siehe Seite 64). Die Knospen werden dabei erst gelb und fallen schließlich ganz ab. Eigentlich gibt es für dieses Problem keine Lösung. Kunstlicht hilft nicht, man muss einfach einen neuen Versuch in der nächsten Kulturperiode wagen. Pflanzen, die einmal mit der Blüte aussetzen, blühen dann noch kräftiger.

## × *Doritaenopsis*

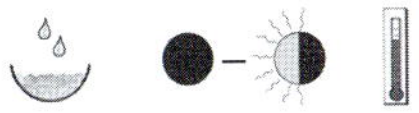

× *Doritaenopsis,* eine Kreuzung zwischen *Phalaenopsis* und *Doritis,* unterscheiden sich in der Pflege von *Phalaenopsis* nur geringfügig. Meist sind die Blätter ledrig, sie vertragen mehr Licht und Trockenheit. Die Blütezeit kann noch länger als bei *Phalaenopsis* sein, allerdings bleibt ein zweiter Austrieb aus.

## × *Miltonidium*

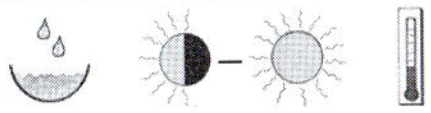

Dies sind aus den USA kommende *Miltonia*-Hybriden, die Verbesserungen der alten Sorten versprechen. Teilweise handelt es sich um Kreuzung mit *Oncidium,* die daher × *Miltoni-*

Schwierig bei *Dendrobium phalaenopsis*-Hybriden ist die Umstellung nach dem Erwerb. Deshalb vorsichtshalber nur fast ganz erblühte Exemplare kaufen.

*dium* heißen. Diese Pflanzen sind allerdings teuer, weil sie sehr langsam wachsen. Ihre Blütezeit erstreckt sich über mehrere Wochen.

### × *Odontioda*

× *Odontioda,* die Kreuzung aus *Odontoglossum* und *Cochlioda,* wurde schon erwähnt (siehe Seite 74). Sie sind häufig nur in Orchideengärtnereien erhältlich. Die vielen Farben, von Weiß bis Rot, Lila, Gelb oder Rosé, mit purpurnen Flecken oder Streifen sowie die runde oder sternförmige Blütenform sind alle interessant und attraktiv. Allerdings ist die Kultur nur im kühlen, luftfeuchten Bereich möglich.

× *Odontonia* Susan Bogdanow; nicht alles, was wie *Miltonia* aussieht, muss auch *Miltonia* sein. Trotz des komplizierten Namens eine leicht zu pflegende Hybride.

× *Odontocidium* Susan Kaufman; die eher kleinen Blüten entschädigen durch ihre Vielzahl. Keine Pflegeprobleme, nur nicht zu feucht kultivieren.

### *Oncidium*-Hybriden

- × ***Vuylstekeara*** ist die heute bekannteste Mehrgattungshybride der Gruppe. Sie entstand aus den Gattungen *Cochlioda, Miltonia* (bzw. *Miltoniopsis)* und *Odontoglossum* (siehe auch Seite 58). Zunächst gezüchtet, um die rote Blütenfarbe in die *Odontoglossum-crispum*-Gruppe einzuführen, wurden dabei fast zufällig auch die Wachstumseigenschaften verbessert. Die Pflanzen nicht zu warm halten; bei niedriger Luftfeuchtigkeit Gefahr von Spinnmilbenbefall. Im Sommer in den Garten hängen. Mindestens alle zwei Jahre umpflanzen.
- × ***Odontocidium,*** eine Hybride aus *Odontoglossum* und *Oncidium,* wächst leicht. Einigen kann man die *Oncidium*-Herkunft ansehen, × *Odontocidium* 'Wintergold' oder 'Juno' sind dafür Beispiele. Sie haben kleine, überwiegend gelbe, braun gestreifte Blüten. Mehr den *Odontoglossum*-Vorfahren gleichen die Formen mit großen Blüten, sie mögen es etwas kühler. Von diesen wird × *Odontocidium* 'Artur Elle' häufig angeboten.
- × ***Odontonia*** ist die Verbindung aus *Odontoglossum* und *Miltonia.* Bekanntester Vertreter ist × *Odontonia* 'Moliere'. Sie ist weiß mit rotbunten Flecken. Ihre Kultur erfolgt wie die der × *Vuylstekeara* (siehe

links). Eine Blüte ist alle 8 Monate durch rasche Triebfolge möglich.

- × ***Wilsonara*** vereinigt drei Gattungen, nämlich *Oncidium, Odontoglossum* und *Cochlioda.* Die Blüten gleichen × *Odontioda,* sie haben aber eine verbesserte Wuchskraft. Die Sorten blühen meist gelb und braungelb. Ein wichtiger Elternteil ist *Oncidium tigrinum.* Im Handel ist häufig × *Wilsonara* 'Hambühren' erhältlich.
- Kommt zu den Letztgenannten eine vierte Gattung hinzu, nämlich *Miltonia,* entsteht die neue Gattung × ***Burrageara.*** Die Blüten haben wieder Ähnlichkeit mit × *Vuylstekeara.* Im Handel sind rote und gelborange Sorten. Sie sind blühwillig und im Zimmer leicht zu pflegen.

### Übersicht über die Gattungshybriden der *Oncidium*-Gruppe

Die in der Tabelle noch einmal aufgeführten Kreuzungen mitsamt der Elterngattungen sind heute im Gartencenter-Sortiment zu finden.

In Klammern sind jeweils die international gültigen Abkürzungen der Gattungen angegeben.

**Übersicht über die Gattungshybriden der *Oncidium*-Gruppe**

| | |
|---|---|
| × *Bakerara* (Bak.) | *Brassia* (Brs.) × *Miltonia* (Milt.) × *Odontoglossum* (Odm.) × *Oncidium* (Onc.) |
| × *Baldwinara* (Bdwna.) | *Aspasia* (Asp.) × *Cochlioda* (Cda.) × *Odontoglossum* (Odm.) × *Oncidium* (Onc.) |
| × *Beallara* (Bllra.) | *Brassia* (Brs.) × *Cochlioda* (Cda.) × *Miltonia* (Milt.) × *Odontoglossum* (Odm.) |
| × *Biltonara* (Bilt.) | *Ada* (Ada) × *Cochlioda* (Cda.) × *Miltonia* (Milt.) × *Odontoglossum* (Odm.) |
| × *Brassidium* (Brsdm.) | *Brassia* (Brs.) × *Oncidium* (Onc.) |
| × *Brassioda* (Broda.) | *Brassia* (Brs.) × *Cochlioda* (Cda.) |
| × *Burrageara* (Burr.) | *Cochlioda* (Cda.) × *Miltonia* (Milt.) × *Odontoglossum* (Odm.) × *Oncidium* (Onc.) |
| × *Colmanara* (Colm.) | *Miltonia* (Milt.) × *Odontoglossum* (Odm.) × *Oncidium* (Onc.) |
| × *Duggerara* (Dugg.) | *Ada* (Ada) × *Brassia* (Brs.) × *Miltonia* (Milt.) |
| × *Maclellanara* (Mclna.) | *Brassia* (Brs.) × *Odontoglossum* (Odm.) × *Oncidium* (Onc.) |
| × *Miltadium* (Mtadm.) | *Ada* (Ada) × *Miltonia* (Milt.) × *Oncidium* (Onc.) |
| × *Miltassia* (Mtssa.) | *Brassia* (Brs.) × *Miltonia* (Milt.) |
| × *Miltonidium* (Mtdm.) | *Miltonia* (Milt.) × *Oncidium* (Onc.) |
| × *Miltonioda* (Mtda.) | *Cochlioda* (Cda.) × *Miltonia* (Milt.) |
| × *Odontioda* (Oda.) | *Cochlioda* (Cda.) × *Odontoglossum* (Odm.) |
| × *Odontobrassia* (Odbrs.) | *Brassia* (Brs.) × *Odontoglossum* (Odm.) |
| × *Odontocidium* (Odcdm.) | *Odontoglossum* (Odm.) × *Oncidium* (Onc.) |
| × *Odontonia* (Odtna.) | *Miltonia* (Milt.) × *Odontoglossum* (Odm.) |
| × *Odontorettia* (Odrta.) | *Comparettia* (Comp.) × *Odontoglossum* (Odm.) |
| × *Vuylstekeara* (Vuyl.) | *Cochlioda* (Cda.) × *Miltonia* (Milt.) × *Odontoglossum* (Odm.) |
| × *Warneara* (Wnra.) | *Comparettia* (Comp.) × *Oncidium* (Onc.) × *Rodriguezia* (Rdza.) |
| × *Wilsonara* (Wils.) | *Cochlioda* (Cda.) × *Odontoglossum* (Odm.) × *Oncidium* (Onc.) |

# Botanische Orchideen

Die folgende Auswahl wurde nach den Angeboten der Orchideengärtner aus dem deutschsprachigen Raum zusammengestellt. Die Pflanzen stammen aus Nachzuchten bzw. sind Teilpflanzen.

***Aërides odoratum***
**Wohlriechende Luftorchidee**

**Heimat:** Tropisches Asien
**Pflege:** Warm, gleichmäßig feucht. Bevorzugt epiphytisch kultivieren. Auch für Tonröhren geeignet.

***Angraecum sesquipedale***
**Anderthalbfüßiger Tropensporn**

**Heimat:** Madagaskar
**Pflege:** Viel Frischluft, nie ganz austrocknen lassen. Flache Container verwenden. Seitentriebe entfernen.

***Ansellia africana***
**Afrikanische Ansellie**

**Heimat:** Westafrika
**Pflege:** Flache Gefäße verwenden. Nicht häufig verpflanzen, reichlich düngen. Als Kübelpflanze für Wintergärten. Im Sommer ruhig ins Freie stellen.

***Ascocentrum miniatum***

**Heimat:** Thailand, Indien
**Pflege:** Braucht relativ viel Licht und hohe Luftfeuchte. Im Körbchen oder an Tonröhren.

***Barkeria spectabilis***

**Heimat:** Mexiko, Guatemala, El Salvador
**Pflege:** Erdiges Substrat wählen, flache Gefäße. Hell; erst wenn sich die Blätter rötlich verfärben, vor Sonne schützen!

***Bifrenaria harrisoniae***
**Harrisons Bifrenarie**

**Heimat:** Brasilien bis Venezuela
**Pflege:** Im Sommer im Garten, Ruhezeit streng einhalten, sonst keine Blüte.

***Bletilla striata***
**Gestreifte Bletille**

**Heimat:** China, Japan
**Pflege:** Wird als Staude in Gartenkatalogen angeboten, ist jedoch nur im Weinbauklima einigermaßen winterhart. Substrat grob erdig mit Lehmzusatz. In flachen Töpfen im Keller frostfrei überwintern und trocken halten, ab Mai in den Garten auspflanzen.

***Brassavola digbyana***
**(Syn.: *Rhyncholaelia digbyana*)**

**Heimat:** Honduras
**Pflege:** Vollsonniger Standort, im Sommer nach Eingewöhnung auch im Freien.

***Brassavola nodosa***
**Knotige Brassavole**

**Heimat:** Tropisches Amerika, Westindien
**Pflege:** Kommt sowohl warm als auch temperiert sicher zur Blüte. Auch für schattige Standorte.

### *Brassia antherotes*
### Spinnenorchidee

**Heimat:** Mittel- und östliches Südamerika
**Pflege:** Ruhezeit beachten, reichlich düngen. Starkwüchsig!

### *Brassia verrucosa*
### Warzige Spinnenorchidee

**Heimat:** Mittelamerika
**Pflege:** Viel Licht, feuchte Luft. Während der Wachstumsphase Feuchtigkeit und hohe Nährstoffgaben. In der Ruhezeit dürfen sie nicht durchtreiben; trotzdem nicht zu kalt stellen.

*Brassavola nodosa* soll die erste tropische Orchidee gewesen sein, die in Europa blühte (1615).

### *Bulbophyllum dayanum*

**Heimat:** Thailand
**Pflege:** Aufgebunden oder in flachen Schalen, sehr durchlässiger Pflanzstoff.

### *Calanthe vestita*
### Bekleidete Schönorchis

**Heimat:** Südostasien
**Pflege:** Gehalten werden die Pflanzen in nährstoffreichem Substrat, es kann sogar normale Blumenerde mit Styroporzuschlag sein. Mit dem Neutrieb wird jährlich verpflanzt. Entsprechend der Blattentwicklung reichlich gießen und düngen. Nach der Reife weniger gießen, die Pflanzen stoßen die Blätter vollständig ab. Danach unbedingt bis zum Neutrieb vollkommen trocken halten.

### *Chysis aurea* var. *bractescens*
### Deckblattartige Hängeorchis

**Heimat:** Mexiko
**Pflege:** Trotz der weichen Blätter hell kultivieren, die Wachstumszeit ist relativ kurz. Viel Nahrung und Wasser.

*Calanthe vestita;* die schöne Blüte entsteht in der Ruhezeit. Dann hat die Pflanze schon alle Blätter eingebüßt.

### *Cochleanthes discolor*

**Heimat:** Kuba, Honduras, Panama und Venezuela
**Pflege:** Gleichmäßig wässern, vorsichtig düngen. Pflanzstoff feiner wählen. Aufbinden mit Moos.

### *Coelogyne cristata*
### Kammartige Coelogyne

**Heimat:** Himalaya bis 2 000 m Höhe
**Pflege:** Kultur im Körbchen. In der Ruhezeit kühl und luftig, bis zum Schrumpfen der Bulben.

*Encyclia cochleata* trägt interessante Blüten, die lange haltbar sind. Als Topforchidee wird sie wieder häufiger angeboten.

### *Coelogyne massangeana*
**Massanges Coelogyne**

**Heimat:** Assam
**Pflege:** Kultur unbedingt im Körbchen. Da die Pflanze fast ganzjährig treibt, leicht zu pflegen. Viel Nährstoffe, immer feucht, aber niemals nass halten.

### *Dendrobium aggregatum*
**Büscheliges Dendrobium**

**Heimat:** China, Indien, Burma und Thailand
**Pflege:** Aufgebunden und im Körbchen fühlen sich die Pflanzen am wohlsten. Temperiert. In der Ruhezeit bis 8 °C, trocken.

### *Dendrobium chrysotoxum*
**Goldbogiges Dendrobium**

**Heimat:** Burma
**Pflege:** Kultur kühler, luftiger als bei *D. aggregatum,* die Ruhezeit trotzdem weniger streng eingehalten.

### *Dendrobium densiflorum* (Syn.: *D. thyrsiflorum)*
**Straußblumiges Dendrobium, Spiegeleiorchidee**

**Heimat:** Nordindien, Burma
**Pflege:** Feucht-warme, in der Ruhezeit temperierte Kultur. Flache, relativ kleine Töpfe wählen.

### *Dendrobium kingianum*
**Mr. King's Dendrobium**

**Heimat:** Australien
**Pflege:** Bei dieser Pflanze sind alle Kulturarten möglich (aufgebunden, im Topf, warm, temperiert oder kalt). Blüten jedoch nur nach einer kühlen, trockenen Ruhezeit.

### *Doritis pulcherrima*
**Liebliche Doritis**

**Heimat:** Burma, Indochina, Sumatra
**Pflege:** *Doritis* ist mit jedem hellen, nicht zu feuchten Standort zufrieden.

### *Encyclia adenocaulos* (Syn.: *E. nemoralis, Epidendrum nemorale)*
**Hainbewohnende Baumorchidee**

**Heimat:** Mexiko
**Pflege:** Kultur wie *Cattleya*, verträgt jedoch, nach Gewöhnung, viel Licht. Im Sommer im Garten in einen Laubbaum hängen.

### *Encyclia citrina,* (Syn.: *Cattleya citrina)*
**Zitronengelbe Cattleye**

**Heimat:** Mexiko
**Pflege:** Die Kultur ist ziemlich heikel, am besten aufbinden und mit Kakteen zusammen kultivieren, also hell, viel Wasser in der Wachstumszeit und eine strenge Ruhephase.

***Encyclia cochleata***
**(Syn.: *Epidendrum cochleatum*)**
**Muschelfömige Baumorchidee**

**Heimat:** Tropisches Amerika
**Pflege:** Ruhezeit nur kurz, aber hell und trocken halten.

***Encyclia cordigera***
**(Syn.: *E. atropurpurea, Epidendrum atropurpureum*)**
**Purpurrote Baumorchidee**

**Heimat:** Tropisches Amerika
**Pflege:** Strenge, aber relativ kurze Ruhe, trocken und luftig.

***Encyclia fragrans***
**(Syn.: *Epidendrum fragrans*)**
**Wohlriechende Baumorchidee**

**Heimat:** Tropisches Amerika
**Pflege:** Kultur ohne Probleme, blüht zuverlässig im temperierten und auch im kühleren Bereich.

***Gongora galeata***
**Helmartige Gongore**

**Heimat:** Mexiko
**Pflege:** Gefährdet sind die jungen Triebe, die leicht ein Opfer von Läusen werden und zur Schwarzfäule neigen.

***Lycaste aromatica***
**Würzige Lycaste**

**Heimat:** Mittelamerika
**Pflege:** In der Wachstumszeit laufend feucht halten; stellt aber hohe Ansprüche an die Nährstoffversorgung.

***Lycaste virginalis***
**(Syn.: *Lycaste skinnerii*)**
**Jungfräuliche Lycaste**

**Heimat:** Mittelamerika
**Pflege:** Kultur dieser selten gewordenen und besonders geschützten Art wie *L. aromatica*. Nationalsymbol Guatemalas.

***Masdevallia coccinea***
**Scharlachrote Masdevallie**

**Heimat:** Kolumbien
**Pflege:** Diese *Masdevallia* im Ballen gleichmäßig feucht und niemals nass zu halten.

Bei *Lycaste aromatica* erscheinen die relativ kleinen Blüten vor dem Neutrieb. Sollte man sie übersehen, wird man ihren Duft trotzdem bemerken.

***Masdevallia tovarensis***
**Tovar's Masdevallie**

**Heimat:** Venezuela
**Pflege:** Wie vorgenannte Art, jedoch wärmer halten. Die Blüten blühen aus dem Schaft des letzten Jahres noch einmal.

***Maxillaria picta***
**Gefleckte Maxillarie**

**Heimat:** Brasilien
**Pflege:** In der Ruhezeit etwas Feuchtigkeit und immer Frischluft.

*Phaius tankervilleae,* eine fast vergessene Art, die jetzt wieder häufiger angeboten wird, ist ideal für den kühlen Wintergarten.

### *Maxillaria tenuifolia*
### Zartblättrige Maxillarie

**Heimat:** Mittelamerika

**Pflege:** Kultur wie *M. picta,* jedoch heller.

### *Phaius tankervilleae*

**Heimat:** China

**Pflege:** Diese wächst terrestrisch und hat sehr große interessante Blüten. Kultur wie *Cymbidium* (siehe Seite 71 f.). Problematisch ist der häufige Spinnmilbenbefall. Jetzt werden auch farbfreudigere, etwas kleinere Züchtungen angeboten *(P.*-Hybriden).

### *Phragmipedium caudatum*
### Geschwänztes Phragmipedium

**Heimat:** Peru

**Pflege:** Temperiert, eher kühl und immer etwas feucht. Sie wachsen langsam.

### *Pleione formosana*
### Formosa-Pleione

**Heimat:** China

**Pflege:** Die Pflanzen werden immer wieder in Versandhauskatalogen als winterharte Stauden angeboten. Zwar vertragen sie die Kälte bei uns, nicht aber das nasskalte Klima. Mit Winterschutz ist Auspflanzen möglich. Besser überwintert man die Bulben im Kühlschrank und topft sie im März jedes Jahr neu ein. Dabei erdigere Substrate verwenden. Auch abgemagerter Kompost ist geeignet.

### *Rhynchostylis retusa*
### Abgestumpfte Rhynchostylis

**Heimat:** Tropisches Asien

**Pflege:** Unbedingt im Körbchen oder Ampeltopf; grobes Substrat wählen.

### *Sophronitis coccinea*
### Scharlachrote Sophronitis

**Heimat:** Brasilien

**Pflege:** Sehr anpassungsfähig. Wichtig sind durchlässiges Substrat und gute Drainage – liebt Feuchtigkeit, aber keine Stau-

Caractea nennt sich diese jetzt häufiger angebotene Orchidee. Eine recht einfach zu pflegende Zimmerpflanze.

nässe. Hohe Luftfeuchtigkeit und Frischluft, Luftbewegung steigern das Wohlbefinden. In kleinen Töpfen oder Körbchen halten. Es muss immer hell kultiviert werden, auch im Winter.

### *Spathoglottis*

**Heimat:** China. Eine wieder entdeckte Orchidee ist die »Caractea« genannte Form aus der Gattung *Spathoglottis*.

**Pflege:** Braucht viel Licht, ein feines, aber strukturfestes Substrat und in der Vegetationszeit viel Wasser und Nährstoffe. Wenn sie denn einmal ruhen, genügen 12 °C, und es darf nur wenig gegossen werden.

### *Stanhopea oculata*
### Augen-Stanhopea

**Heimat:** Mittelamerika

**Pflege:** *Stanhopea* nur im Körbchen kultivieren, weil die Blüte nach unten wächst. Ab Mitte Mai in den Garten, dort in einen Laubbaum hängen. Das Düngen nicht vergessen! Im Ballen auch in der Ruhezeit nie ganz trocken, aber lufttrocken.

### *Trichopilia tortilis*
### Korkenzieher-Orchidee

**Heimat:** Mexiko, Guatemala, Honduras, El Salvador

**Pflege:** Gleichmäßige Substrat- und Luftfeuchtigkeit. Mindesttemperatur von 15 °C in der Ruhezeit einhalten. Am besten im Körbchen, auf Grund der hängenden Blüten.

### *Vanilla planifolia*
### Flachblättrige Vanille

**Heimat:** Mittelamerika und Westindische Inseln

**Pflege:** Durch ihre Größe ist die Vanille natürlich eigentlich keine Topfpflanze. Für ein Orchideengewächshaus oder einen Wintergarten ist sie aber schon auf Grund ihrer Bedeutung als einzige wirklich kommerziell genutzte Orchidee interessant.

### *Zygopetalum*

**Heimat:** Brasilien. *Zygopetalum*-Arten sind bereits lange in Kultur, neu im Handel sind allerdings viele Kreuzungen der Gattung.

*Trichopilia tortilis,* die Korkenzieherorchidee, eignet sich gut als Zimmerorchidee.

**Pflege:** Eine typische Wintergartenpflanze mit berauschendem Duft und über viele Wochen anhaltender Blüte. Sie benötigen viel Licht, sonst blühen sie nicht! Richtig gepflegt sind die Blätter eher hell- als dunkelgrün. Temperatur im Sommer tags 21–23 °C, nachts auf 13–14 °C absinkend, im Winter auch tiefer. Meist leicht feucht halten und gut düngen (kaum Ruhezeiten).

× *Ascocenda* Pincess Mikasa

× *Miltassia* Cairn 'New River'

*Cattleya aclandiae*

*Cattleya bowringiana*

*Cattleya*-Hybride

× *Brassocattleya* Binosa

× *Laeliocattleya* Irene Finney

× *Laeliocattleya* Pomme d'Or

× *Sophrolaeliocattleya* Dark Waters

*Cymbidium lowianum*-Hybride

*Cymbidium*-Hybride 'Vanguard'

*Cymbidium*-Miniatur-Hybride

*Dendrobium nobile*-Hybride

*Dendrobium*-Hybride Anna Green

*Laelia harpophylla*

*Miltonia* Celle 'Wasserfall'

*Miltonia* Augres

*Odontoglossum bictoniense*

*Odontoglossum crispum*

*Odontoglossum rossii*

*Odontoglossum*-Hybride Violetta

*Oncidium ornithorhynchum*

*Oncidium papilio*

× *Beallara* Tomaha Glacier 'Green'

× *Burrageara* Nelly Isler

× *Odontocidium* Susan Kaufman

× *Odontocidium* Pubek Gold

× *Odontonia* Susan Bogdanow

× *Vuylstekeara* Cambria 'Plush'

× *Wilsonara* 'Kolibri'

x *Wilsonara*-Hybride

*Phragmipedium besseae*-Hybride

*Paphiopedilum lawrenceanum*

*Paphiopedilum rothschildianum*

*Paphiopedilum chamber-lainianum*-Hybride

*Paphiopedilum*-Hybride Pinocchio

*Paphiopedilum*-Hybride Snow Queen

*Phajus*-Hybride Dan Rosenberg

*Phalaenopsis lueddemanniana*

*Phalaenopsis schilleriana*

*Phalaenopsis stuartiana*

*Phalaenopsis*-Hybride Carmela's Pixie

*Phalaenopsis*-Hybride Liodora, »Duftorchidee«

*Phalaenopsis*-Hybride Woodlawn, »Duftorchidee«

*Phalaenopsis*-Hybride

*Phalaenopsis*-Hybride

× *Doritaenopsis*-Hybride

*Vanda*-Hybride Mikasa ‘Pink’

# Bezugsquellen und Adressen

## Orchideen-gärtnereien

**Uwe Bauer**
Stammheimer Straße 105
70435 Stuttgart
Tel.: 07 11/8 26 32 82

**Baumann Orchideen**
Beethovenstraße 199
46145 Oberhausen
Tel.: 02 08/6 35 09 29

**Cramer-Orchideen**
Zum Steiner 11–13
83471 Berchtesgaden-Strub
Tel.: 0 86 52/29 82

**Willi Elsner**
Königsberger Str. 9
48493 Wettringen
Tel.: 0 25 57/3 28

**Franz Glanz**
Hauptstraße 28
83246 Unterwössen
Tel.: 0 86 41/83 50

**Hennis Orchideen**
Große Venedig 4
31134 Hildesheim
Tel.: 0 51 21/3 56 77
www.hennis-orchideen.de

**Marko Holm**
Alte Bahn 206
47551 Bedburg/Hau
Louisendorf
Tel.: 0 28 24/31 67

**Kaiser-Orchideen**
Post Schonungen
Am Stöcking
97453 Schonungen
Tel.: 0 97 27/6 11

**Joachim Karge**
Bahnhofstr. 22
21368 Dahlenburg
Tel.: 0 58 51/2 66
www.karge-orchideen.de

**Erika Kenntner**
Birkelweg 12
89555 Steinheim
Tel.: 0 73 29/55 88
www.kenntner-orchideen.de

**Orchideen Koch**
Lindenhof
57368 Lennestadt 11
Tel.: 0 27 21/1 01 87

**Koi & Orchideen Kretschmann**
Zum Hauental 27
74921 Helmstadt-Flinsbach
Tel.: 0 72 63/6 43 05

**Orchideen Kopf**
Hindenburgstr. 15
94469 Deggendorf
Tel.: 09 91/37 15 10

**Lemförder Orchideenzucht**
Am rauhen Berge 8
49448 Lemförde
Tel.: 0 54 43/6 51
www.loz.de

**Hans Lucke**
Berschenweg 6
47506 Neukirchen-Vluyn
Tel.: 0 28 45/2 86 12

**M & M Orchideen Wolff**
Käppelesweg 11
97539 Wonfurt-Steinsfeld
Tel.: 0 95 21/94 89-0
www.m-m-orchid.com

**Netzer-Orchideen**
Ortsstr. 138
69488 Birkenau-Hornbach
Tel.: 0 62 01/3 20 23
www.netzer.de

**Niederlausitzer Orchideen**
Gartenbau Lehradt
Hauptstr. 3
01983 Allmosen
Tel.: 035753/14 540

**H. Popow**
Sandkämperstr. 1
38442 Wolfsburg
Tel.: 0 53 62/6 24 61

**Rehbein Orchideen**
Curslacker Deich 270
21039 Hamburg
Tel.: 0 40/7 23 36 43

**Röllke Orchideenzucht**
Flößweg 11
33758 Schloss Holte-Stukenbrock
Tel.: 0 52 07/92 05 39
www.roellke-orchideen.de

**Orchideen Röhl**
Stemweg 14
59494 Soest-Paradiese
Tel.: 0 29 21/6 03 82

**Schwerter Orchideenzucht**
Ellen Schöttler
Bergstr. 8
58239 Schwerte
Tel.: 0 23 04/4 06 69

**Tropical Orchids Fochem**
Am Grünen Weg 13
50259 Pulheim
Tel.: 0 22 34/8 27 54

**Valerius und Söhne**
Putenweg 68
12355 Berlin
Tel.: 0 30/6 63 30 38

**Orchideen Zentrum Wichmann GmbH**
Tannholzweg 1–3
29229 Celle
Tel.: 0 51 41/9 37 20
www.orchideen-wichmann.de

**Wössner Orchideen**
Franz Glanz
Hauptstr 28
83246 Unterwössen
Tel.: 0 86 41/83 50
www.woessner-orchideen.de

## Zubehör

**Manfred Meyer**
Eckenheimer Landstr. 334
60435 Frankfurt/M.
Tel.: 0 69/54 65 52
(Pflanzstoffe, Dünger, Wuchsstoffe, Keiki-Fix, Aussaatlabor)

**Max Meier**
Riedhaldenbuckstr. 8
CH 8427 Freienstein ZH
Tel.: 01/8 65 06 42

## Nützlinge

**Agrinova**
Akazienweg 1
OT Mühlheim
67283 Obrigheim
Tel.: 0 63 59/9 68 11

**ÖRE Bio-Protect GmbH**
Kieler Str. 41
24223 Raisdorf
Tel.: 0 43 07/69 81

**Peter Katz Nützlingszuchten**
Industriestr. 38
73642 Welzheim
Tel.: 0 71 82/43 26

**AMW Nützlinge GmbH**
Außerhalb 54
64319 Pfungstadt
Tel.: 06157/99 05-95/96

**FLORA Nützlinge – Biologischer Pflanzenschutz**
Diakonisches Werk
Friedhofstr. 1
15517 Fürstenwalde
Tel.: 0 33 61/30 10 88

**W. Neudorff GmbH KG**
Abt. Nutzorganismen
Postfach 12 09
31857 Emmerthal
Tel.: 0 51 55/60 10

**Hatto Welte**
Maurershorn 10
78479 Insel Reichenau
Tel.: 0 75 34/71 90

**Sautter & Stepper GmbH**
Rosenstr. 19
72119 Ammerbuch
Tel.: 0 70 32/7 55 01

**STB-Control**
Schaltenbach 1
65326 Aarbergen
Tel.: 0 61 20/90 08-70

**re-natur GmbH**
Hof Aqua Terra
Am Pfeifenkopf 9
24601 Stolpe
Tel.: 0 43 26/9 86 10

# Stichwortverzeichnis

## Liebhabergesellschaften

Orchideenliebhaber in Deutschland sind in der Deutschen Orchideen Gesellschaft e. V. zusammengeschlossen. Es gibt Landes- und Bezirksgruppen, eine davon bestimmt in Ihrer Nähe.

**Deutsche Orchideengesellschaft (DOG)**
Flößweg 11
33758 Schloß Holte-Stukenbrock
Tel.: 0 52 07/92 06 07

**Vereinigung Deutscher Orchideenfreunde e.V.**
Kassenwartin:
Stefanie Henkel
Söllingstraße 53/55
D-45127 Essen
Tel.: 02 01/23 42 85
E-mail: henkel.gehrt@cityweb.de

**Österreichische Orchideengesellschaft**
Parkring 12
A-1010 Wien
Tel.: 0043/1/5 12 84 160

**Schweizerische Orchideengesellschaft**
Präsidentin: V. Fischer
CH-2563 Ipsach
Kleinfeldstraße 13
Tel.: 0 32/51 58 68

Seitenzahlen mit * verweisen auf Abbildungen.

**Bildnachweis:**

Baumjohann: 43mm, mu
Becherer: 10, 11o, 12, 14, 19, 20or, 20u (Einklinker), 28o, 39o, 40l, 41o, 47u, 65o, 90o, 97Ml
Blauscheck: 51
Eisenbeiss: 8, 59, 66u, 68u, 69o, 75r, 87o, 89, 92Ml, 92Mr, 95Mr
Floricultura: 5, 44, 60, 61, 62u, 74u, 80, 96ur
GBA/Engelhard: 1
GBA/GPL: 53
Gerlach: 58or, 58ul,
Goede: 92ol
Hagen: 40, 36, 37l, 66o, 71o, 93Mr, 98ol
Krieger: 17, 41u, 47o, 54, 74o, 95or
LENI: 33
Neudorff: 43 u
Redeleit: 28u, 29o, 40r, 49
Reinhard: 37r
Rysy: 77u, 81
Strauß: 2/3, 46, 68o, 69u, 71u, 93ol, 93ur
Weigl: 4u, 6, 18, 48, 56, 58ur, 63o, 64, 67, 72u, 75l, 77o, 82, 83, 84u, 91, 93Ml, 94ol, 94Mr, 94ur, 95ol, 95ul, 96or, 97ur, 98Mr, 98Ml, 98ul, 99or, 99ul
Zunke: 43 Mo

Seite 70: aus Gardener's Chronicle
Seite 7u: aus »Der Orchideenjäger« von Victor Ottmann, 1922.

Alle anderen Bilder vom Autor.

**Bibliografische Information Der Deutschen Bibliothek**
Die Deutsche Bibliothek verzeichnet diese Publikation in der Deutschen Nationalbiografie; detaillierte bibliografische Daten sind im Internet über http.//dnb.ddb.de abrufbar.

Grafiken: Heidi Janiček:
Karte Seite 13: Jörg Maier

Gebundene Ausgabe des Titels »Orchideen« aus der Reihe »blv garten plus«

BLV Verlagsgesellschaft mbH
München Wien Zürich
80797 München



Umschlaggestaltung: Anja Masuch, Puchheim b. München
Umschlagfotos: Weigl (Vorderseite); Söde (Rückseite)

Layoutkonzept Innenteil: Studio Schübel, München

Lektorat: Dr. Thomas Hagen
Herstellung: Hermann Maxant

Layout und DTP: Satz + Layout Peter Fruth GmbH, München
Reproduktionen: Digital Picture Reprotechnik GmbH, München

Gedruckt auf chlorfrei gebleichtem Papier

Printed and bound in Germany · ISBN 3-405-16842-2